2025年日本経済再生戦略

国にも組織にも頼らない力が日本を救う

成毛 眞・冨山和彦

JN073518

SB新書
582

はじめに

成毛 眞

「失われた30年」と言われて久しい。

鳴りもの入りで実施されたアベノミクスを経てもなお、この国の経済は本質的には回復をせず、慢性病のような低迷を続けている。「いずれ上がる」と言われながら一向に上昇傾向に転じないままの賃金が、その1つの証拠だ。

少し先に目を向けてみれば、2025年には団塊の世代が後期高齢者になる。75歳男性の平均余命は12・63年、つまり2037年には半数が亡くなる。

問題は人口減少という数の論理だけではない。現代日本は「昭和の負の遺産」を引きずり続けている。かつては経済発展の推進力として機能していた「昭和的あり方」が、今ではすっかりガンとなっているのだ。このままでは、日本は三流国に転じてしまう。

もうその序曲は始まっていると言っていい。決して悲観論ではない。冷静に中長期予測を立ててみれば、当然、導かれる話だからだ。

今よりもマシな政権になれば……などと考えるのは愚かである。日本という国は政権交代くらいでは変わらない。明治維新や敗戦のように、国家システムが根本からひっくり返るようなことがないと動かないのだ。

そういう構造的衰退国家・日本にあって、ビジネスパーソンは、いかに未来に備えるか。単なる「経済予測」は世の中にあまた存在するが、具体的「戦略」に言及されているものは数少ない。

そこで本書では、地に足の着いた「戦略」を提案すべく、冨山和彦氏とともに筆をとった。

これだけ厳しい状況に置かれた日本経済はもうオワコンかといえば、そうではない。国や組織に寄りかからず、個人として、したたかに自分の身を守りながら、自分なりに楽しく幸せな人生をつくっていくことはできる。「自分勝手」に生きることが、弱体化した日本企業を蘇らせ、日本経済、ひいては日本という国家自体を救う処方箋にもなるのだ。

本書は、現役世代がそのように生きるための具体的戦略を描いた希望の書だ。皆さんが今日から実践できる個人としての生存戦略を伝授していく。この国で腐らず、自分らしく楽しく生きる道を得る一助となれば幸いである。

2025年日本経済再生戦略　目次

第2章　日本経済再生戦略
――イノベーションで革命を起こせ

第3章 これからの日本をどう生きるか

――もう、学歴に価値はない

第4章 日本経済を救う処方箋
――「自分勝手」が国、会社、個人を変える

第1章

「100%自己責任時代」が始まる

——日本はなぜ二流国になったのか

成毛

迫りくる「100％自己責任の時代」に備えよ

「自己責任」という言葉が物議をかもして久しい。

だが、その意味がいっそう重みをもつのは、むしろこれからだ。正真正銘、100％自己責任の時代になっていくだろう。

国民全員に提供されるセーフティネットであるはずの社会保障制度ですら、破綻に向かっている。

2021年7月のある新聞記事によると、後期制度（75歳以上の後期高齢者が入る医療制度）に対して、現役世代の加入者を中心とする企業の健康保険組合などが負担する支援金が膨れ上がっているという。

要するに、現役世代が後期高齢者の社会保障のかなりの割合を負担していることが、大きな問題になりつつあるという話だ。

年金だって、すでに現役世代からの召し上げである。65歳以下の年代では、何十年も支払った額よりも少ない年金しか受け取ることができなくなっている。今でも平均年金受取額は、厚生年金を含めて月14万円台だ。

このままいけば、いつか年金制度は実質的に破綻するだろう。加えて将来的にインフレが進めば、老後の月額年金は現在の1万円くらいの価値に下落する恐れすらある。

では、それにどう備えるか。不動産投資でもする？　それだけはやめたほうがいい。高齢化と人口減少によって、早晩、不動産が余るようになるからだ。

２０２５年（注1）には団塊の世代が全員後期高齢者になる。75歳男性の平均余命は12・63年、つまり２０３７年には半数が亡くなる。そうなると、大量の持ち家が市場に出てくる。

ということは、需給から考えて居住用不動産価格が上がることはもうないといえるのだ。不動産は老後に身を守る盾にならないどころか、ローンがあれば負債になる。

これは決して悲観論ではない。必ずそうなる。人口動態と社会保障システムという超長期見地から導かれる話だからだ。

今すぐに社会保障システムを劇的に改良したとしても、効果が出るのは40年以上あとになる。しかも有権者は社会保障システムを劇的に改良することを許さない。

約260年間も続いた江戸時代という平和な時代が動いたのは、アメリカという圧倒的な外圧によってだったことを思い出してほしい。あるいは約80年前の戦争で完膚なきまでに潰され、満身創痍《そうい》の状態から劇的な経済復興を遂げたことでもいい。

日本という国は政権交代くらいでは動かない。維新や敗戦のようなことがないと動かないのだ。

そういう構造的衰退国家にあって、ビジネスパーソンはどう備えるか。徹底的に節税しながらセカンドビジネスで所得を増やし、カネを節約して投資に回す以外に、老後をまともに過ごすことは期待できないかもしれない。

平均寿命の伸びによって、これからの「老後」は30年近い長さとなった。しかし、制度は固定化し、仮に大きく舵を切ったとしても即効性は期待できない。

特に今の現役世代は国を頼るのではなく、したたかに自分の身を守りながら、自分なりに楽しく幸せな人生をつくっていくことを考えたほうがいい。

昭和育ちのオジイサンたちに期待してはいけない

世界的傾向に目を転じてみれば、グローバル化とデジタル革命が進み、社会は激しく変化している。

にもかかわらず、日本の政治も行政も、そして大企業も昭和のレガシーを引きずり、保身に毒されたままなのだ。彼らがいくら、「何とかなる」という楽観論、「何とかする」という根性論を掲げても、それで国がよくなるはずがない。

こんなことは、すでに若い人たちはうっすらと、いや、はっきりと感じているのかもしれない。もう政治にも行政にも頼ろうとしないほうがいい。

構造的にも思考的にも昭和的価値観で凝り固まっている昭和育ちのオジイサンたちに期待してはいけないのだ。

なかには、お上が変わり、社会を変えてくれることを切に願っている向きもあるかもしれない。希望を打ち砕くようだが、世の中の変化に先んじて政府が大転換することはない。

しかも、それは必ずしも悪いことではないと思う。世の中よりも先に政府が変化したら、それはそれでまずい部分もあるからだ。最たるものは立法だ。新しい法律は、新しいタイプの事件が起こってから後追いする形でつくられることが多い。

たとえばストーカー規制法は、ストーカーによる傷害・殺人事件が起こるようになってからつくられた。危険運転致死傷罪は、あおり運転などによる傷害・致死事件が起こるようになってから制定された。飲酒運転が厳罰化されたのも、飲酒運転で命が失われる事件が頻発したからだ。

「事件が起こる前に法律ができていたら、被害者たちは助かったはずだ」と思う人がいるかもしれない。しかし、それもバカな話だ。

世の中を先回りして立法府が法律をつくるようになったら、どうなるか。それは法律という縛りの必要性が生じる前に、国民を法律で縛るようになるということではないのか。半ば恐怖政治の始まりである。

経済政策なども同様だ。世界的に見ても、唯一の例外はフーヴァーダムの建設を進めたアメリカのニューディール政策（着工は前任のフーヴァー大統領のとき）くらいのものだ。それ以降、政府なり各省庁なりが世の中を先回りして経済政策を打ったことはない。

下手に政府にすべてを任せようものなら、江戸時代の享保の改革よろしく、国民がとんだとばっちりを被るような改革を断行しかねない。事実、享保の改革では実質2倍近くの増税（年貢の引き上げ）をして、一揆が増加しているのだ。そのような歴史に鑑みれば、政府をその気にさせるほうがよっぽど危険だ。

政府の変化は、いつだって世の中の変化の後追いである。それでいいのだ。政府とは、もともとクリエイティブな組織ではない。だから、政府の大転換に期待するだけ無駄だし意味がない。問題は、自分がどう生きるのか、なのだ。そのことを肝に銘じておいたほうがいい。

POINT

政府に期待してはならない。100%自己責任の意識で、個人として人生を構築するべきだ。昭和の価値観を引きずっている政府は、日本経済再生の先導役にはなりえない

成毛

日本企業はなぜ「おんぶにだっこ」体質から抜けきれないのか

「100%自己責任の時代」に向かうにあたり、日本経済の実態もよく理解しておいたほうがいい。実際、日本経済は、いよいよヤバいのではないか。

民主党政権時代に8434円台まで落ち込んだ日経平均は、自民党が政権を奪還してからみるみる回復し、2021年にはコロナ禍のどさくさに紛れて3万円を突破する日もあった。

ここで「経済が息を吹き返した」と快哉を叫ぶ人は愚かだと言わざるを得ない。3万円突破など、しょせんは政府のばらまいたカネが投資に流れたにすぎないからだ。肝心のGDP成長率は低迷を続けており、回復の兆しもないことを見過ごしてはならない。

では、なぜ日本経済はここまで低迷しているのか。

結論から言えば、すべてが「官製」である点に問題がある。言い換えれば、多くの日本

主要国のGDP成長率の変遷

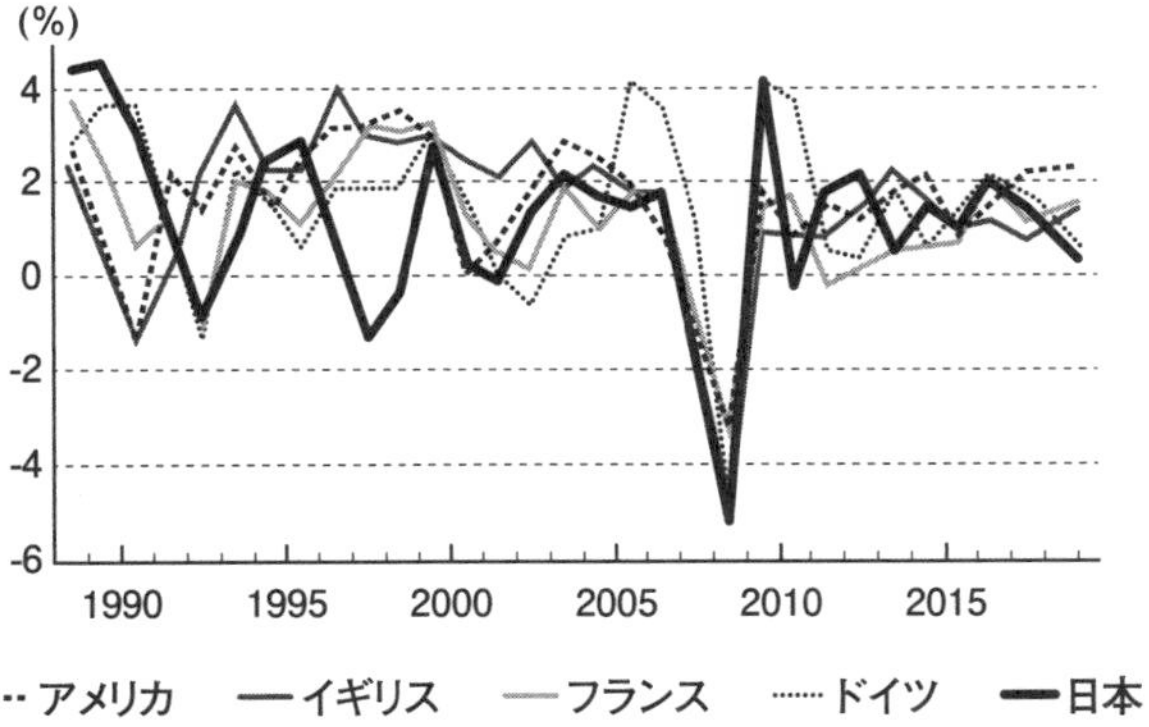

出典：総務省「デジタル経済とGDP／生産性を巡る議論」をもとにSBクリエイティブが作成

企業が政府に「おんぶにだっこ」なので、生産力も国際競争力も落ちているのだ。

国際比較をしてみると一番わかりやすいだろう。

たとえばドイツ。中小企業の数は約350万社で、民間企業の実に99・5%を占める(注2)。特徴は、6割が輸出をしていることだ。ドイツの中小企業全体の輸出額は年間2140億ユーロにも上り、「隠れたチャンピオン」の異名をとる中小企業が多い。研究費に投じる資金も100億ユーロ以上と多額だ。

一方の日本はどうか。中小企業の数は約420万社、民間企業に占める割合は99・7%である(注3)。ここまではドイツと同等だが、輸出している中小企業が3割程度に留まっているところが大きく異なる。

この差は小さくない。輸出総額において、世界第3位のドイツは1兆3806億ドルなのに対し、第5位の日本は6413億ドル（注4）と、倍以上の差をつけられているのだ。

これは何を意味するのか。**日本は主に内需、つまり個人消費で食っている**ということだ。実際、日本のGDPに占める個人消費の割合は50％強に上る。

これを「日本が成熟した国になった証《あか》し」と説明する向きもあるが、違う。中小企業のうち、個人消費でしか食えない企業が7割もいることが問題なのだ。

こうなったのは、日本政府が中小企業や地方自治体に莫大なカネを長年にわたってばらまいてきたからだ。日本の内需は「官製内需」なのである。要するに政府からもらったカネで消費をしている。親の小遣いでおもちゃを買う子どものようなもので、「成熟」どころではない。

先ほど「個人消費でしか食えない中小企業が7割」と言ったが、厳密に言い直せば、海外からの所得移転なしに、政府がつくり出した内需でしか食えない中小企業が7割を占める、ということだ。それこそが問題なのである。

このように、いわば政府による自作自演の個人消費で食いつないでいるのが日本経済の実態だ。官製内需に頼りっぱなしで海外輸出における成長に乏しいことが、実のところ、日本のＧＤＰ成長率が伸び悩んでいる最大の原因なのではないか。

POINT

海外からの所得移転の少なさに目を向けよう。中小企業の70％が国内消費依存、ＧＤＰに占める個人消費の割合は50％強にも上る。官製内需頼みが日本経済低迷の原因なのだ

冨山

耐用期限切れの昭和型成功モデルが新陳代謝を妨げる

「官製内需」が日本経済の低迷を長引かせている。まさに成毛さんのおっしゃるとおりだ。海外からの所得移転が相対的に低過ぎる点についても同感である。

世間では「消費が盛り上がらない」ことが問題視されているが、日本経済を一番支えているのは、実は個人消費だ。ところが、日本経済が個人消費に依存しているからといって、個人の所得が高いわけではまったくない。日本人の所得は、30年間伸びていないのだ。

個人所得は伸びていないのに、個人消費が経済を支えている構造。なぜ、こんな奇妙なことが起こるのか。その答えこそ「官製内需」である。

つまり、**政府が何かにつけてカネをばらまき、そのカネで個人が消費をして日本経済を支えている**わけだ。国家を1つの生命体とすれば、「タコが自分の足を食う」かのようなことを30年来、続けているのが日本である。

特に中小企業は政府にとって、ひと昔前の稲作農家（注5）と同様「守るべき存在」だ。

日本の政治は長らく「民間企業は大企業と中小企業とに二分されており、中小企業は大企業に搾取されているかわいそうな存在だ」という世界観でやってきた。

いわゆる左派は「大企業の労働者」に着目し、被搾取者である彼らを救済せよと息巻いていた。だが、圧倒的に絶対数が多いのは、かつては稲作農家で、今は中小企業で働く人たちと非正規雇用の人たちである。他方、大企業のフルタイム労働者、すなわち正社員と言われる人たちは、この30年間、減少する一方で、今や全勤労者の2割にすぎない。

そのなかで、自民党は稲作農家と、４００万社といわれる中小企業オーナーファミリー層を押さえ、補助金なり何なりで食べさせるという非常に精緻《せいち》な仕組みをつくり上げた。言ってしまえば、大企業の「正社員労働者」しか目に入っていなかった左派は多数派の支持を取りそこね、みごとにバカを見たわけだ。

同じことは、電力業界や建設業界、さらには原子力産業などにもいえる。商工会議所ひとつを見ても、お偉いさんの多くは電気工事店や建設業のオーナー経営者など、官需や規制産業関連業種だ。道路に関しては「日本列島改造論」の田中角栄元首相が利権構造をつくり上げた。原子力にしても、潤うのは結局、原子力発電所を受け入れた地元業者と地域住民である。

中央からの官製内需による資金分配に、護送船団行政（注6）の金融業界が連動することで、地方にも道路をつくり、新幹線をつくり、電気を通し、日本列島各地に発電所をつくった。工場を誘致し、大企業も中小企業も役割分担をしながら、世界の工場の担い手、あるいはそれを支えるインフラとして、一億総エコノミックアニマルとして稼ぎまくるモデルががっちりできあがっていった。

官製内需、官製型投資循環による「まかないの仕組み」から抜け出せない日本

こんな具合に、日本の多くの企業や地方自治体が、歴代の自民党政権が築き上げた「まかないの仕組み」に組み込まれている。

この仕組みは、かつて昭和の高度成長期、工業化と都市化が先行的に進んだ東京を筆頭とする太平洋ベルト地帯（注7）と、東北などそれ以外の地域との間で所得格差、生活格差が広がった時代には、所得再分配と格差是正のシステムとしてきわめて有効に機能した。大量生産工業モデルによる産業化の恩恵を全国津々浦々に広げることにも貢献した。

田中角栄元首相は、あの時代の政治的なイノベーターでもあったのだ。だから、本来は

太平洋の沿岸部に集中する工業が盛んな地域、「太平洋ベルト」

保守政党だった自民党が、経済成長期に深刻化しやすい格差問題に、典型的な社会主義的ではない方法（日本型社会主義）で対応することに成功し、超長期政権を実現できたのである。

しかし、この成功モデルには大きな限界がある。政治的にはカネの再分配過程で政治腐敗が起きやすいことだが、それ以上に問題なのは産業の新陳代謝を阻害し、経済主体の動機づけを失わせるリスクがあることだ。

すなわち、産業構造が変化しても、関係者がこの官製内需、官製投資循環による「まかない」の仕組みにがっちり組み込まれているので、柔軟に変化できないのである。かつての稲作農業がそうであり、現在は大中小を問わず古手の企業がそうなりつつあるのだ。

資金も人材も豊富なグローバル大手メーカーはその気になればさっさと工場を海外に移せるが、地域密着の中小企業はそうはいかない。だから構造的に競争力を失っても、同じ産業構造、ビジネスモデル、もっとストレートに言えば、政府による補助金や規制による保護にしがみつくようになってしまう。

こうなると、自分で稼ぐ道を切り開き、自分で努力して生産性を上げるという、経済主体として当たり前の動機づけが働かなくなってしまうのだ。生産性など上げずとも、補助金や税制優遇で食っていける。もっと言えば、生産性を上げないほうが補助金の額が上がる。転業しないほうが税制優遇を受け続けられる。この仕組みから抜け出すには、よほど強固な意志と卓越した経営能力がないと難しい。

日本の最低賃金水準が少子高齢化で深刻な人手不足になってもなかなか上がらないのも、最低賃金労働に依存している企業経営者の多くが中小企業セクターであり、それは自民党の強固な支持基盤であることが一因になっている。農業分野や医療分野などがその典型だ。

規制改革も、業種保護が絡んでいるので政治的なハードルが高くなってしまう。

その結果として、日本の中小企業、特に規制業種の少なからざる部分が、政府（官製内需、官製市場）か大企業かどちらかの下請け業種に甘んじ、大企業と中小企業の間で生産性格差、所得格差がほとんどない欧州のような経済社会構造をつくれないでいる。

政府が企業を保護し、企業が個人を保護するという「二重の保護構造」の問題点

このように日本政府が誘導してきた、あるいは選挙民もそれを消極的に支持してきたという背景に加えて、もう1つ挙げておかなくてはいけない問題点がある。

日本では個人の生活保障、セーフティネットが個々の企業頼みになっていることだ。

年功序列、終身雇用によって、企業が個人の雇用を保証する、生活を保障する、ひいては退職後の人生を保障する。そういう高度経済成長期に強化されたシステムのなごりを、未だに引きずっている。

加えて、源泉徴収型の徴税も、天引き型の社会保険料の徴収も、所属する企業を介在する仕組みになっている。医療や年金の給付も、企業の総務部門、健保組合や年金基金に大

きく依存しているし、コロナ禍のように、いざという時の雇用調整助成金などのセーフティネット給付も、企業経由が基本になっている。

国や自治体が全国民の個人口座に直接給付する仕組みがないのだ。だから毎回、大変な時間と費用をかける必要があり、政治的にも大騒ぎをすることになる。

自助、共助、公助という言葉がよく使われるが、日本は世界でも類を見ないほど企業や法人に個々の国民への扶助を依存する、過度な企業内共助型の社会になっているのだ。だから、規模の大小を問わず、企業を潰すと社会の底が抜けてしまう。

このような政府が企業を保護し、企業が個人を保護するという企業内共助を軸とする「二重の保護」社会構造のもとでは、どうしても既存企業の存続が最重要視される。イノベーティブな個人やベンチャーが勇躍することによる経済の新陳代謝は、期待できない。

起業率も廃業率も未だに日本は先進国の最低レベルを走り続けている。しかし、破壊なくして創造はない。新陳代謝なくしてイノベーションは実を結ばないのだ。イノベーション→創造的破壊→新陳代謝は循環系ともいうべきものである。新陳代謝という出口を塞げば、求められているイノベーション主導型の成長の循環は回らない。

かくして日本の産業は弱体化し続けてきた。企業の多くが革新や生産性向上の動機づけのないまま、古くて生産性の低い産業構造から抜け出せないでいるのである。

「個人の力」がものを言う時代が訪れている一方で……

しかし、もうそんな「二重の保護」構造に頼っていられる時代ではない。成毛さんのおっしゃる「100%自己責任の時代」が訪れようとしているからだ。べき論としての自己責任論を言っているのではない。実態として「二重の保護」構造は音を立てて崩れつつある。だから、まずは自分の身は自分で守る力をもっていることが、これからの時代で生き残る、しかも愉快な気分で人生を楽しめる条件になる時代に入りつつある。

もちろん「二重の保護」構造も、使えるものはしたたかに使い倒せばいい。しかし、それをアテにするとかなりの確率で裏切られますよ、特に若い世代は、と言っているのだ。

そんなしたたかさを含めて、今まで以上に「個人の力」が問われる時代になるということでもある。

POINT

国が企業を保護し、企業が個人を保護するという二重の保護構造に頼るな。使えるものはしたたかに使い倒しながら、「100%自己責任の時代」に備えて個人の力を高めよう

冨山

「経済危機でも倒産が少ない日本」は逆に危ない

一人ひとりの日本人が「個人の力」を身につけ、生かしていこうとするとき、やはりそこでも壁として立ちはだかるのは、新陳代謝が進まず固定化した産業構造、社会構造だ。

これからの時代に求められる力は、新しい力である。しかし、**古くて固定化した産業構造に身を置いても、あるいは、そこに向けて用意されている古い教育システムに身を置いても、それだけでは新しい力は身につかない。**

長年にわたり、あれだけSTEM《ステム》教育（注８）が大事だと言われながら、相変わらずIT人材が足りない、AI技術者が育たないと嘆いている根本原因は、まさに人材教育、人材投資に関わる仕組みが古い構造に固定化されていることにある。だから、ここでも自らの頭で考え、自らの頭で判断して、自分にフィットした「個人の力」を身につける道筋を探索しなくてはならない。「個人の力」の前に「個人の学ぶ力」を求められるのが、今の日本なのである。

GDPとは、要するに「付加価値の総計」である。付加価値をつくる能力がなければ、経済成長率も上がらないし、国民所得も増えない。日本のような成熟した先進国において、キャッチアップ型、コストと価格競争力勝負の大量生産工業への先行投資で付加価値が生まれる余地は小さい。しかも、付加価値創出はデジタル化とグローバル化による破壊的イノベーションに牽引される時代だ。

イノベーションの時代の付加価値の源泉は、一人ひとりの人間がもつ発想力、創造力、行動力である。そんな個がチームとなって相乗力が生まれ、新しい企業、さらには産業となってスケールする（注9）。

時代の移り変わりによって付加価値を生み出す力を失った古い産業構造のなか、古い組織のルール、古いお作法のなかでは、新しい付加価値を創造する個が輝くのは難しい。サッカーの天才も野球チームにいる限り、才能を開花させられないのは当たり前の話だ。

そこで古い産業構造が固定化して居座りを決め込めば、新しい付加価値が芽吹き大きく成長するスペースは、なかなか生まれない。政府がお題目としてベンチャー支援を唱えても、他方で古い産業、古い企業の存続をあの手この手で支援すると、効果は相殺され、結果は現状維持となってしまうのだ。そして日本経済の付加価値創出力は停滞を続ける。

経済危機のたびにゾンビ型企業延命メカニズムが働く理由

ちなみに、２００８年のリーマンショックのような経済危機が起こっても、打撃の規模の割に、日本で倒産する企業は世界に類を見ないほど少ない。直近のコロナ禍でも、現在の倒産件数は、日本史上で見ても最低水準で推移している。

倒産する企業が少ないと聞くと、いいことのように思えるかもしれない。しかし、これは政府が巨大な支出をして倒産を回避しているだけの話だ。

要は、この国は個人を直接救う公助能力があまりにも低いのである。制度も弱いし、デジタル化も進んでいないので、有事に迅速に手を差し伸べられない。だから毎回、企業内共助システム、「二重の保護」構造に頼らざるを得ない。そこで必死に融資や助成金で企業を支えるしか、困窮した国民を支える方法がないのだ。

これしかないので局面的にはやむを得ないのだが、すでに触れたように、この仕組みは大きな副作用を伴う。

すなわち、突然襲ってくる危機的状況において、どこでピンチになっているかわからない困窮者の生活、人生を救うには、とりあえず規模の大小、競争力の強弱、生産性の高低に関係なく、すべての企業を支えるしかない。すると企業の新陳代謝は妨げられ、しかもここで分不相応に大きな借金を抱えて生き延びた企業の多くが過剰債務企業、すなわちゾンビ企業になってしまう。そしてその後も政府の支援に頼るようになる。結果的に、産業構造の固定化がさらに進んでいくのである。


欧米でもコロナ禍に際してかなり大きな政府支出で緊急経済対策を打っているが、失業率も倒産件数も相応に増えている。もともと、どの国も平時から起業率も廃業率も日本より高いのである。コロナ明けを想定すると、長い目で見ると産業の新陳代謝がさらに進み、デジタル技術を駆使した新しい業態、新しい企業への世代交代が進むだろう。歴史的にも、経済危機の後はイノベーションが加速する場合が多い。

しかし、**日本では、むしろ古い産業がゾンビ化したまま生き残り、産業構造の固定化が進んでしまう傾向がある。**バブル崩壊の後も、リーマンショックの後もそうだった。

原因が何であれ、稼げない企業は淘汰《とうた》されるのがビジネスの理《ことわり》だ。そういう意味では、倒産企業が少ないことは、長期的な経済発展という観点からは決して歓迎すべきことではないのである。

実際、コロナ禍でも、まったく同じ構図になりつつある。２０２０年に73兆円、２０２１年には55兆円の巨大な経済対策予算が組まれ、一般的には、10万円の個人向け給付金やＧｏ Ｔｏキャンペーンなどが注目された。しかし、実はいろいろな形で企業にも巨額の資金が流れているのだ。

キャッシュ・イズ・キング。名目が補助金だろうが、給付金だろうが、融資だろうが、キャッシュが回っている限り、どんなに大赤字になっても企業は潰れない。だから、企業倒産件数は史上最低水準で推移しているのだ。

しかし、無差別にカネを配った結果、企業のなかにはその使い道がなく、預金額ばかりがどんどん積み上がってしまっているところも多い。「このままでは潰れるかもしれない」という危機感がなければ、何かを変えよう、新しいことをやってみようという機運も高まりにくい。むしろ政府がいくらでも金を出してくれるのだから、危機が収まるまではじっとしていようと考えるのが人情だ。

行き過ぎた企業内共助社会システムは、国全体のゾンビ化を進める

しかし、コロナ禍が去ってみると、企業間の格差、産業間の実力格差は広がっているだろう。そして、赤字補塡の借金を積み上げる一方で未来投資をためらっていた企業はゾンビ化していく可能性が高い。

ゾンビにいくら鮮血を注いでもゾンビとして生きながらえるだけであり、人間には戻らない。それと同じように、生産性の低い企業が、利益を上げる本来あるべき企業として蘇るのではなく、生産性が低いまま延命してしまうことになる。

私は20年前の金融危機に際し、産業再生機構（注10）を率いる立場になった時、現場のプロフェッショナル300名とともに公的資金10兆円を産業と金融の一体再生のために駆使したが、ゾンビ企業の延命にはカネを使わなかった。そのことで多方面から矢のような非難を浴びたが、企業をゾンビ状態で延命させるべきではない。政府が救うべきはゾンビ

企業ではなく、稼ぐ力が残っている事業であり、そこで働く人間なのだ。だから、むしろ経済危機に際して起きる企業の新陳代謝を止めるべきではない。政府は企業の退出に伴う社会的コストの最小化、すなわちオーナー経営者の個人破産の回避や、労働者の転職や職業訓練、リカレント教育（注11）にこそ金を使うべきだと主張してきた。

要は社会全体として、過度な企業内共助の仕組みを脱却しよう、政府は企業、産業の新陳代謝を前提とした、公助共助連動型の包摂的なセーフティネットを整備すべきと主張してきたのである。

しかし、その後も企業内共助依存と「二重の保護」構造の転換は進まず、ひとたび経済危機が起こって企業が風前の灯になりかけると、毎回、政府が巨額のばらまきで救済する。そんなズブズブの官民関係が続いているのだ。

バブル崩壊後の金融危機、ＩＴバブルの崩壊、リーマンショック、東日本大震災、そしてコロナ禍と、この20年間、日本経済は何度も危機を経験してきた。そこで淘汰による新陳代謝が起こるなり、徹底的な自己改革によって付加価値生産性が上がるなりしていれば、日本の産業はもっと活発でおもしろいものになっていたかもしれない。

しかし、それを結果的に妨げてきた「二重の保護」構造は政治的にきわめて強固で、これからもなかなか崩せないだろう。官にも民にもその仕組みに寄りかかっている人がたくさんいて、特に、少子高齢化で数はたくさんいる上の世代の選挙民自身に、この構造のまま自分たちは逃げ切れるのではないか、という動機づけが強烈に働いているのだから。

産業再生機構の当時から感じていたのは、**政府であれ、大企業であれ、日本の古典的なエスタブリッシュメント組織の体質をひとことで言うなら「グダグダ」であるということだ。**すべてが固定的で旧時代的。何かというと「ことなかれ」の保身に走る。悪しき「昭和」である。

のらりくらりと世間の雑音をかわしつつ、やるべきことをしたたかに着々とやる、といった「戦略的グダグダ」ではない。本質的なことを考えていないから有効策を講じられない、大きな効果が見込める政策を断行する勇気もないという、いわば「真正グダグダ」である。

「有事はない」という建前が崩壊し続けた失われた30年

昭和的グダグダ感の根っこの１つには、敗戦後にできた日本国憲法の成立から引き継がれてきた「有事というものは存在しない」という建前路線があるように思う。

憲法はその前文と第９条において、平和を愛する諸国民の公正と信義に信頼して戦争放棄を規定している。この憲法が成立した１９４６年当時は吉田茂内閣の時代だ。吉田は英国流のプラグマティストで自由主義者である。彼はその後の東西冷戦の時代において、むしろこの憲法を盾に、米国の核の傘の下で軽武装経済重視の国家再建を進めることになる。いわば、美しい建前を利用して、国家再建という現実政策をプラグマティックに推し進めたのである。

実際、第二次世界大戦が終結してからの20世紀後半、世界はおおむね平和だった。１９５０年に始まる朝鮮戦争や、１９６０年代半ばから泥沼化していくベトナム戦争などの局地戦争はあるものの、世界的な戦争は起こっていない。少なくとも日本が当事者として大きな戦争に直接巻き込まれる事態は起きなかった。

そして戦後の日本は、明治時代の「富国強兵」路線マイナス強兵の加工貿易立国による富国路線によって、敗戦による荒廃からみごとに立ち直っていった。そして長きにわたる平和と経済的繁栄によって、最初はあくまでも建前だった「有事はない」が、40年、50年と経つうちに実体的な前提になっていったのである。目をつぶれば何も見えないのと同じで、この国のあらゆる仕組みが「有事はない」前提でつくられるようになっていく。

しかし、それほど**長期間にわたり平時が続くことのほうが、本来は異常**なのだ。

現に20世紀末期から21世紀にかけて、元号が昭和から平成に変わると、バブル経済が崩壊し、１９９５年の阪神淡路、２０１１年の東日本という２つの大震災が起こり、原発事故も起き、コロナ禍というパンデミックが起こった。米中対立の動向など国際情勢もきな臭くなる一方だ。南海トラフ地震や富士山噴火と、巨大規模の災害が高い確率で起こる可能性も指摘されている。

このように「有事がない」なんてことはありえない。万が一、諸国民が公正で信義に溢れる人たちばかりでも激甚な天災は起きるし、新しいウイルスは人間の言うことを聞いてはくれない。

日本も「例外的に有事がなかった時代」が終わり、「いつでも有事が起こりうるという通常の状態」に戻ったのである。

そんななかに、この国は、政府もメディアも、ある意味、多くの日本国民さえも、未だに「有事がないという建前は現実でもある」という世界観から脱却できていない。そんな縁起でもないこと、あってはならないことは起きない、だからそれを前提にした制度や仕組みもあってはならない、という現実歪曲空間に閉じこもったままだ。

その結果、有事に直面するたびに有効策を講じられず、大きな効果が見込める施策を断行する勇気もないため、「グダグダ」なパターンを繰り返す。高度成長期以降の「昭和元禄」天下泰平の時代がもたらした「昭和的グダグダ感」が続く限り、この国の潜在的危機が深まっていく。

POINT

「有事などめったにない」という建前は捨てる。危機に直面しても無為無策だった「昭和的グダグダ感」とは決別し、自ら考え、自ら行動して有事の時代に備えよう

冨山

有事における「日本のグダグダ」体験談

福島の原発事故も、原子力政策がそういう建前、安全神話を前提に進められた挙げ句に発生した。

実は私たちの会社は、ここでも「有事はない」建前と二重の意味で対峙《たいじ》した。

1つは政府の要請を受けて、現実の事故という有事を驚くほどまったく想定していなかった原子力損害賠償法の不備を補うため、原子力損害賠償支援機構（現原子力損害賠償・廃炉等支援機構）の構想と設立に東奔西走したこと。

原子力エネルギー政策は、大昔の国会審議のときから、原発事故はないという「安全神話」、まさに有事はない建前の極致に引き籠もったまま推進されてきた。このため、もともとの原子力損害賠償法も、実際に事故が起きた際には使い物にならない抽象規定だけの法律だったのである。

もう1つは福島第一原子力発電所の20キロ圏からの住民避難のため、福島交通と茨城交通が保有するバス100台の出動を要請したこと。

実はこの出動も、政府の要請に任意で貸し切りバスとして対応したものだ。法律上発動できることになっている「緊急輸送命令」は、ついに出されることはなかった。当時の政府の言い分は、この命令権は「有事」、すなわち他国が日本国内に攻めてきた場合にのみ適用されるものだからということだった。あれだけの原発事故が有事でなかったら何を有事と言うのか。平和ボケここに極まれり、である。

事故後は、その安全神話に縛られて、我が国の原子力政策全体が身動きを取れなくなっている。世界的には、温暖化問題への対応策として原発を経過的なクリーンエネルギーに位置づける議論がなされ、究極的な解決策として核融合技術開発への資源投入が増えている。そのなかで、この国では科学的、プラグマティックなエネルギー政策の議論ができない。

端的に言えば、政治家も官僚も、本来的には有事対応のために存在する。企業のトップ

も同様だ。それなのに、有事が起こって即刻対応を求められること、さらにはそのあってはならないことを想定して法制や組織体制を整備することは、彼らにとって想定外中の想定外になっている。だから、どうしていいかわからずに小田原評定《ひょうじょう》を繰り返しながら無為無策を決め込むか、右往左往した挙げ句にピント外れなことをしたりする。

再建プログラム着手までに日本は12年、アメリカは3ヵ月

私が当事者になったもう1つの例を挙げれば、1991年のバブル崩壊に端を発する我が国の金融危機だ。何とか持ち直したのは2005年。金融再生プログラムと産業再生機構が連動して機能し始めて2年後のことである。解決までに14年もかかったのは、崩壊後の12年間、ずっと間違いを重ねたからだ。

要するに「金融有事は起こらない」「日本の金融システムは盤石だから、時間が問題を解決する」という前提のもとで本質的な病巣へメスを入れることが封印されていたから、解決しなかったのである。

しかし、盤石のはずが、拓銀（北海道拓殖銀行）、山一證券、長銀（日本長期信用銀行）、日債銀（日本債券信用銀行）と、大手金融機関の破綻が続き、日本国債の格付けは、アフリカの

ボツワナと同じレベルまで下げられてしまう。そして、国際的な銀行間取引で、邦銀が高い金利「ジャパンプレミアム」を乗せないと資金が取れなくなる事態に追い込まれていくのである。

そんななかでも「不良債権処理はヤマを越えた」という宣言が何度も出され、金融界の保守派たちは「危機回避には時間をかけてソフトランディングを目指すべき」という問題先送り的な主張を繰り返していた。

ところが小泉政権のもと、竹中平蔵氏（当時金融担当大臣・経済財政政策担当大臣）が金融再生プログラムに着手し、前後して当時43歳だった私を実務責任者に産業再生機構が設立され、貸し手と借り手それぞれに対して公的資金による資本注入と不良債権の買い取りを始めると、事実上3年間で解決した。合わせて70兆円の公的資金をもとに、不良債権の厳格査定、特に担保価値の時価評価、ＤＣＦ（注12）による企業価値評価を導入するという解決策、すなわち大規模な外科手術が「有事的な答え」だったからだ。

リーマンショックもバブル崩壊と似た金融有事だったが、アメリカが日本と同じような手法、すなわち日本円換算で奇《く》しくも同じ規模となる70兆円の公的資金によるTARP（不良資産救済プログラム）に着手するまでにかかった時間は、たったの3ヵ月である。

日本は12年、アメリカは3ヵ月。この差は悲惨なほど大きい。

おそらくアメリカは日本の先例に学んでいたのだろう。実際、産業再生機構には米国の財務省やFRB（連邦準備制度理事会）の高官や高名な学者が何度も訪れ、我々が何をやっているか、その効果がいかなるものかを調査研究していた。どういう「武器」を使えばいいかがあらかじめわかっていたことが解決を早めたのは想像に難くない。

しかし、日本だって、時間をかけてゼロから武器を開発したわけではなく、前々からある武器と適任者を即刻使えばいいだけだった。竹中氏のチームも、私たちも、新奇な技を駆使したわけではない。ファイナンスの基本通り、資産評価の理論通りの処方箋を、現実を精査して展開しただけだ。ファクトとロジックで押し切っただけである。

この国の政治家や役人、そして金融界の多数派が平時モードのしがらみや約束事にとらわれて、病巣の本質と合理的な方策について見て見ぬ振りをしていたという話なのだ。

そこに最後の局面でたまたま小泉氏という異色のリーダーが現れ、正しい処方箋がようやく使えることになった。

小泉氏のような変わった政治家は、本来、日本の政治風土で生き残れるタイプではないと思う。今どき稀な、まさに有事の申し子のようなリーダーだったのではないか。

小泉氏は、有事が起こったときに、民間の経済学者だった竹中氏を大臣に抜擢して金融再生プログラムを彼のチームに一任し、次に、無名だった弱冠43歳の私を発掘してきた谷垣禎一産業再生機構担当大臣を信じて、産業再生機構の実務責任者に任じたのだ。経済再生の命運を民間の若いプロフェッショナルたちに「丸投げ」するという、平時には考えられない「暴挙」をやってのけたのである。

ただし、小泉氏のように、有事において適材適所が本能的にわかるリーダーがいる確率は、低いと考えたほうがいい。

今すぐ「自分で自分の人生の面倒を見る」準備を始めよ

これからの時代は、どう見ても、有事は起こらないという前提ではなく、目前に迫っているという前提で考えなくてはいけない時期だ。にもかかわらず、この国のグダグダ感、有事に対する丸腰ぶりは空恐ろしいほど変わりにくい。

指導的な立場にいる人たちにとって、有事が存在しない建前のほうが、実はラクな場合が多いからだ。平時における日本的意思決定の仕組みは、ボトムアップのコンセンサス方式である。この仕組みに埋没している限り、個人の責任を問われることはない。コロナ禍対応もそうだし、原発事故の住民退避のためのバスの出動もそうだ。民間へのお願いベース、任意の協力ベースで対応しておけば、万が一の場合に命令した政治家や役人が責任を問われることもない。

この仕組みのなかで大人しく、行儀よく出世してきた優等生タイプのエリートにとっては、自己の自由裁量で有事に対峙することはもちろん、有事を前提にした戦略や仕組みを考えることさえも、あってはならない苦手種目なのである。だから、有事も有事、国も企業も滅びる直前までいかないと目覚めることが難しい。そして、目覚めてからでは、かなりの確率で手遅れとなり、いわゆる破綻型再生しか道がなくなる。昭和の敗戦からの復興や、数年前のＪＡＬの破綻型再生のようになってしまうのだ。

成毛さんが指摘しているように、政府や企業などに頼らず、自分で自分の人生の面倒を見る準備を始めたほうがいい。実は有事に対しても、自ら想像力を働かせ、自ら合理的な準備をしておくだけで、未来はずいぶんと変えられる。

一人でも多くの日本国民が、政府に期待せず、伝統的な政治家や役人、さらには企業経営者に期待しない行動を取ることが、むしろ彼らを変えること、救うことにもつながる。

それは私自身が産業再生機構のリーダーをはじめ、政府の仕事に関わってきた根本的な理由でもある。かの福沢諭吉の名言「国を支えて国を頼らず」は、現代においてますます輝きを放っているのだ。

POINT

優等生タイプのエリートは、有事に対処することも、有事を想定して戦略を立てることも苦手だ。自分で想像力を働かせ、合理的な準備を始めよう。それだけで未来は変えられる

成毛

「横並びの価値観」から「自分だけの幸福感」にシフトせよ

「100％自己責任の時代」がやってくると、本章の冒頭で述べた。政府にも企業にも、もう頼ることはできない、だから、自分で自分を守れるように自己防衛策を講じておこう。そんな思いを込めての言葉である。

これは先ほど冨山さんが指摘してくれたように、究極的な個人の時代がやってくるということでもある。

では個人の力とは何か。思考力、独創性、発想力……いろいろな言葉で表せるとは思うが、究極的に言えば、それは「自分勝手」ということだ。同調圧力なんて何のその。**「空気を読まない」「集団に埋没しない」「権威・権力に屈しない」。そんな自分勝手に生きる個人こそが、今後は生き残っていく**だろう。

こういう未来像もまた、「昭和は遠くなりにけり」と表裏をなす。

思えば昭和は、みんなで同じ高みを目指した時代だった。「いい学校」「いい会社」「いい車」の概念が共通であり、よりよい学校に入り、よりよい会社に就職し、よりよい車に乗っている人が成功者とされた。

つまりはそれが、よりよい生活、よりよい人生だったのだ。

趣味や遊び方まで、皆判で押したように同じだった。競争ですら、そうである。会社に入ったら年功序列、終身雇用のレールに乗って平社員から主任、係長、課長、部長……あとはどこまで行けるか、という出世競争だ。

今は、こうした共通の価値観がほぼ消滅している。

何が「いい学校」「いい会社」なのか、個々によって違うのが当然になっている。趣味や嗜好もバラバラ、スマホがいき渡ったことで、見ているメディアもエンタメもバラバラになった。所得もバラバラだ。

横並びのステータスを求める昭和の価値観は、すでにノスタルジーにすぎなくなった。

昭和に生まれ育った人たちは、発想を大きく変える必要に迫られている。昭和ノスタルジーにとらわれていては、ビジネス相手のことすら理解できないことになりかねないからだ。理解できなければ尊敬されることもない。そうなると自分の分け前を確保することばかりを考えて、保身に向かって引きこもる人間になっていく恐れがある。

平成から令和の時代の若者たちは、そんな昭和ノスタルジーに浸りたい人たちのことなんて気にせず、自由に人生を構築していけばいいと思う。

もはや**組織に従順に生きて将来が好転するような時代ではない。「国のため」「会社のため」という価値観も、とっくに脱却しているべき昭和の遺物**なのだ。

そんなノスタルジックな空気に流されることなく、自分の幸せは自分で決める。欲しいものは自分で取りに行く。去りたいならばさっささと退場する。それが生き方の本流になるべきだ。

POINT

自由に生きることに価値を置こう。集団に埋没せず、権威を気にしない。昭和世代は発想を転換し、平成・令和世代は昭和世代に足をすくわれないよう注意しよう

冨山

ホワイトカラーの仕事は激減する

世界ではドラスティックに産業構造が変化している。日本も、その時代の流れとまったく無縁ではない。そして産業構造が変わる過程では、必ずジョブシフトが起こる。1つの仕事がなくなり、新しい仕事が生まれるわけだ。

たとえば18世紀前半の欧州では、人口の多くを農業従事者が占めていた。だが、産業革命を経た100年後の社会では、農業の担い手は減り、代わりに工業労働者が多くなった。

このように、ジョブシフトは歴史上、繰り返されてきたことだ。

同じようなことが今も起こりつつあるという前提で、企業も社会も形を組み替えていかなくてはいけない。これは別にイデオロギーの問題ではない。グローバル化とデジタル革命によって産業構造が変わってきたことによる時代的要請だ。

本当は誰でも本気で取り組めば、今起きている第4次産業革命（注13）のジョブシフト

今起こりつつある「第４次産業革命」とは？

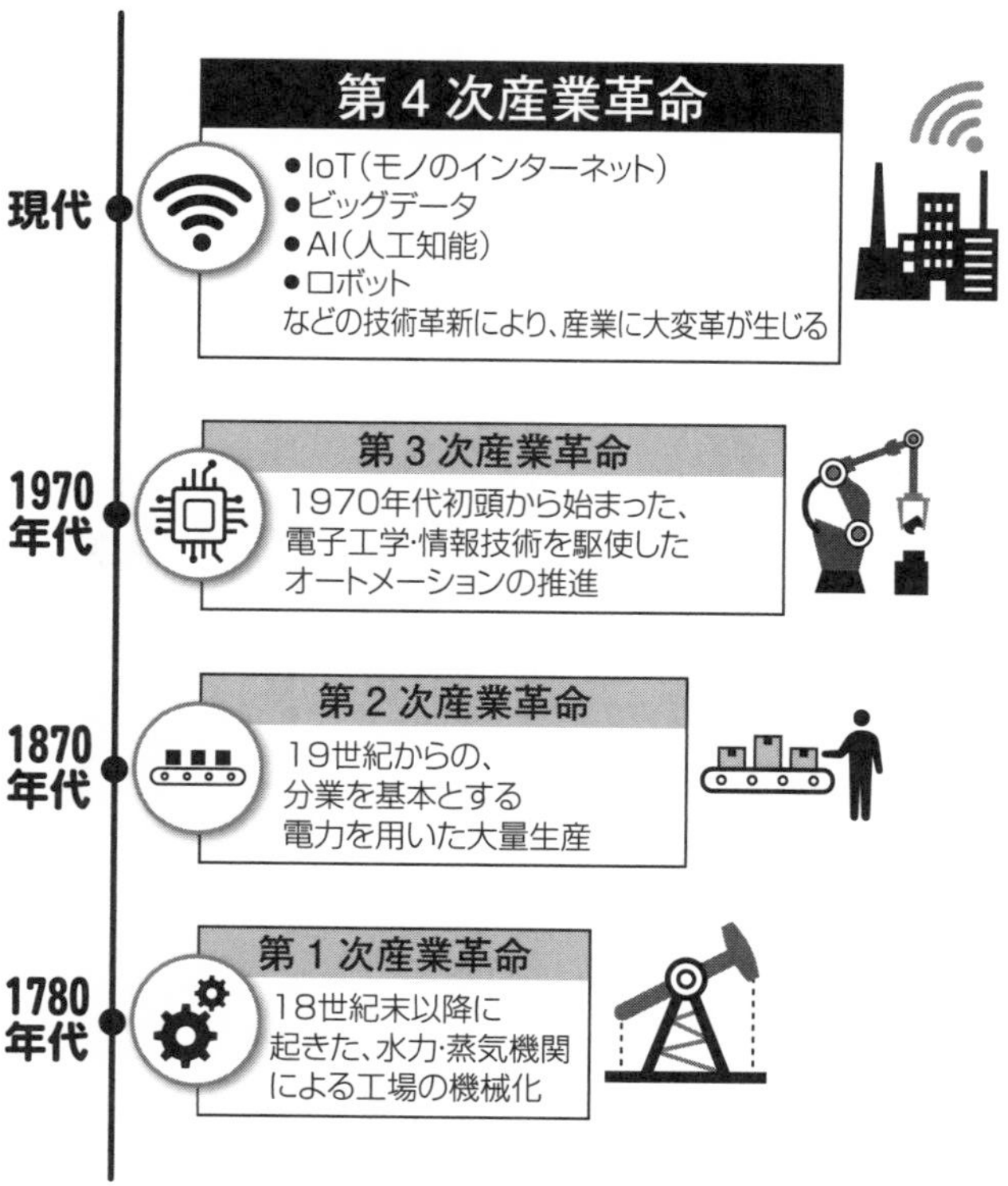
第４次産業革命
現代
●IoT（モノのインターネット）
●ビッグデータ
●AI（人工知能）
●ロボット
などの技術革新により、産業に大変革が生じる
第３次産業革命
1970年代
1970年代初頭から始まった、
電子工学・情報技術を駆使した
オートメーションの推進
第２次産業革命
1870年代
19世紀からの、
分業を基本とする
電力を用いた大量生産
第１次産業革命
1780年代
18世紀末以降に
起きた、水力・蒸気機関
による工場の機械化

についていけるのだが、これを資本主義のいき詰まりだの、強欲株主はけしからんだのなんだのとイデオロギー問題にすり替えて抵抗していると、おそらく人生、辛くなる。

産業革命で大量生産型製造業の生産性が劇的に上がったこととの対比で、デジタル化に牽引されている第４次産業革命で進むジョブシフトについて、一部の中途半端なインテリ連中が、あらゆる仕事が自動化、機械化されてＡＩ開発などの知的に超高度な仕事しかなくなってしまうような風説を流している。だが、実際にはそんなことは起きない。

約１００年前の工業化革命のときも、機械化が進んで世界中から雇用が消えてしまうようなことを、これまた当時のインテリ学者が唱えていたが、そんなことは起きていない。自動車産業の登場で馬車の製造、馬の世話や御者《ぎょしゃ》の仕事はなくなったが、それを桁違いに上回る雇用が、自動車の製造、販売、メンテナンス、さらには物流や運輸から生まれている。

実は、ＡＩやロボティクス（ロボット工学）などの新しいテクノロジーは、いわゆるエッセンシャルワーカー（日常生活やインフラに不可欠な職種の従事者）の生産性を飛躍的に上げる可能性がある。医療介護、物流運輸、建設、小売、外食、宿泊業など、私たちの日々の生活を支えるリアル系現場系のサービス産業であるエッセンシャルワーカーは、今や雇用の7割を吸収している一大産業群だ。

その生産性が飛躍的に上がれば、大量生産工業の時代の産業革命において、ヘンリー・フォードをはじめとする先進的な経営者たちが生産性の上昇に応じて労働者の賃金を大幅に上げ、多くの労働者が中産階級に押し上げられたように、今度はエッセンシャルワーカーの中産階級化が進展する可能性もある。また、農林水産業にも付加価値生産性革命の兆候が見え始めている。

つまり、デジタル革命もそこまでいけば、社会全体を包摂的に新しい次元に押し上げる、まさに新しい産業革命が起こるというわけだ。

ここで話を個人レベルに落とし込むと、**ホワイトカラーの仕事については、今後、激減すると覚悟しておいたほうがいい。**昭和型日本的経営のなかで安泰だった人々もまた、時代の変化を免れることはできない。

日本の大量生産・大量販売ビジネスモデルは、同質的・固定的なメンバーによる年功的なピラミッド組織で運営されてきたので、大量の中間管理職を必要としてきた。少数の経営陣の下に分厚い中間管理職、その下に「兵隊」としての平社員というピラミッド型の組織だ。

この昭和のモデルが消滅していく過程で、中間管理職として組織を支えてきたホワイトカラーの仕事が激減する。労働空間はピラミッド型からフラットなレイヤー（多層）構造になり、高度な専門知識や技術をもつ知的労働者と、現場のエッセンシャルワーカーが併存するようになっていく。

企業再生の経験から言うと、たとえばメーカーの場合、今でさえ営業部門や管理部門の40歳以上の人たちをいきなり半分に減らしても事業運営に何の影響もない。オンプレ（注14）モードでやってきた「情シス」（注15）のオジサンたちも同様だ。今後この傾向はますます顕著になるだろう。

今、ホワイトカラーの人も、これからホワイトカラーサラリーマンになろうかな、と考えている若者も、この現実は肝に銘じておいたほうがいい。これから述べるように現実を見つめれば、今からの時代においても愉快な職業人生を送る道はいくらでもあるのだから。

デジタルフォーディズム時代が到来する

プログラマーなどの高度な専門知識や技術をもつ知的プロフェッショナルは、たとえ組織に属していても、個人で仕事をしているようなものだ。もともと流動性が高い職種であり、終身雇用にはそぐわない。

実は、トップ層の経営者の仕事にも同じ傾向がある。日本以外のほぼすべての地域で、大企業のトップは複数回の転職経験者だ。「経営」それ自体の難度が上がり、相応の知識、経験をもっていないと、役割をこなせなくなっている。若いときからMBAのようなしかるべき高度な知的訓練を学校で受けるなり、ベンチャーを立ち上げて経営トップとして死ぬほど苦労するなりの経験がないと、グローバルクラスで競争力のある経営者になるのは難しい時代なのだ。

言い換えれば、昔、松下幸之助さんが「日本的経営モデルのよさは、新卒で入ってきたすべての平社員が、学歴とかに関係なく、20年、30年と松下でがんばっていれば全員社長になれるチャンスがあることだ」と言っておられた時代とは、大きく環境が変わったのである。

幸之助さんのようなリアリストにして時代洞察力のある方が現代において現役経営者だったら、きっと違うところに従業員の動機づけを見出すだろう。要は、**高度な知的プロフェッショナルのために用意された椅子の数はあまり多くなく、それを手に入れるには恵まれた才能と、大変な努力の継続と、ある程度の運が必要**だということだ。

もちろん、私自身もどちらかというとグローバルクラスの空間でやってきたし、この空間で顕著な成功者が日本からもっとたくさん出てほしいし、そのための支援も自分なりに目一杯やってきた。しかし、だからこそ強く思うこととして、私は、多くのホワイトカラーの皆さんに対して、正直、この路線でがんばることを必ずしもお勧めしない。ほとんどの場合、ハイリスク・ローリターンなキャリアになっていくからだ。

他方、エッセンシャルワーカーは、日本だけでなく世界中で人手不足になることは間違いない。エッセンシャルワーカーの仕事は不定形な現場仕事なために臨機応変さが求められる業務が多く、かつ人と接して信頼や感動を与えるものが多いため、むしろＡＩに取って代わられにくいからである。

実際、コロナ禍でデジタル化、リモート化やAI活用が加速しているにもかかわらず、少しでも経済活動を再開したところでは、エッセンシャルワーカーを中心に世界的にどこも猛烈な人手不足であり、人件費も猛烈に上昇しているのである。

つまり、同じ企業で20年、30年とキャリアを積んできたホワイトカラーの人にも、エッセンシャルワーカーの仕事ならたくさんあることになるのだ。

ただ、従来は、労働集約的なエッセンシャルワーカーの仕事は給料が上がりづらく、社会的地位も低い場合が多かった。しかし、最先端のデジタル技術はいよいよこの領域に生産性革命を起こしつつある。

そして何よりもコロナ禍はこうした仕事に従事している人々こそが、社会にとって必要不可欠で「本質的」な仕事をしていることを明らかにしたのである。

今後、必ず起こる人手不足にも鑑み、新しいテクノロジーを駆使し、ビジネスモデルのイノベーションを起こし、エッセンシャルワーカーを中産階級雇用へと引き上げることに社会ぐるみで取り組んでいかなくてはいけないと思う。私は、これを**100年前に大量生**

産工業革命で実現したフォードの「フォーディズム」（注16）にならって、「デジタルフォーディズム」を実現しようと主張している。

これはデジタル革命の勝者となった一方で、格差問題が深刻化している米国などが抱える問題への解にもなる。

幸い、急速に進化してきたグローバル化とデジタル革命は、デジタル最先端ツールを誰でもどこでも、しかも安く使えるクラウド空間を生み出してくれた。以前は、そういうものをつくった人に富が集中してきたが、時代は次のフェーズに移りつつある。デジタルテクノロジーの恩恵を受けた現場の人たちが新しい中産階級になっていく「デジタルフォーディズム」フェーズだ。

「ずっとホワイトカラーだった自分には、ホワイトカラーの仕事しかできない」などと思い込むのは、やめたほうがいい。どのみち大企業の中間層は消えてなくなる。そこは割り切って人生を考えるべきだろう。

ホワイトカラーは「自己トランスフォーメーション」に踏み出せ

まだ大学に入る前の人なら、「超エリート養成校」としての大学か、「職業訓練校」としての大学か、という意識で進路を考える。教育については第3章を参考にしてほしい。

すでに会社員になっている人、特に中間管理職になっている人には、知的高度プロフェッショナルを目指す苦難の道以外に、生き残る方法が2つある。

1つ目は、誰になんと言われようと、たとえ役立たず扱いされようと、とにかく会社にしがみついて生き抜く。グローバル化とデジタル革命の時代は、企業だけでなく個人にもトランスフォーメーションを求める。自分にはその覚悟も能力もないと思うのなら、今いる場所で居直り、定年まで逃げ切ることを考えたほうがいい。業種的に破壊的イノベーションの影響を受けにくく、かつまた組織のなかで上手に居場所を見つける器用さに自信があるなら、これもありだ。

2つ目は、覚悟を決めて自己トランスフォーメーションに取りかかることだ。要は「学び直し」である。

私は、こちらをお勧めしたい。新たな能力を身につければ、今の会社で別の活躍の道が開けるかもしれない。新たな環境を求めることもできやすくなる。トランスフォーメーションを遂げた個人には、転職先はいくらでもあるのだ。また、1つ目でがんばるにしても、業界がどうなるかは、しょせん運任せ、会社任せだし、社内政治で居場所を失うリスクもある。保険という意味でも、2つ目の作業には取りかかっておいたほうがいい。

自己トランスフォーメーションを遂げるのに、年齢はあまり関係がない。20代、30代はもちろん、40代、50代だって遅くはないのだ。「50代以降は定年までの消化試合」というのも昭和の価値観である。なんせ、若い世代は人生100年時代。先は思い切り長いのだ。長い人生を愉快に生きていこうと思ったら、古い固定観念からも抜け出す必要がある。

ドイツのメルケル前首相がコロナ禍において言ったとおり、エッセンシャルワーカーが従事する仕事こそが、私たちの日々の生活を支える本質的な価値ある仕事なのである。ホワイトカラーの皆さんにも、そこで大いに力を発揮するチャンスがどんどん広がっているのだ。自らエッセンシャルワーカーとして世のため人のために働くのもよし、地道なマネジメント能力を身につけてエッセンシャルワーカーの皆さんの役に立つのもよしである。

POINT

ホワイトカラーが生き残る可能性は2つ。新たな中産階級となりうる「エッセンシャルワーカーへの転身」と、新たな能力を身につける「自己トランスフォーメーション」だ

冨山

「人の役に立つ」という仕事の原点に立ち返れ

以前、スタンフォード大学の関係者と話していて、ハッとしたことがある。**「最近の優秀な人材が選ぶ就職先は大半がベンチャー企業であり、グーグルやマイクロソフト、アップルなどの大手ＩＴ企業を選ぶ人は少ない」**と言うのだ。

確かに、グーグルもマイクロソフトもアップルも、創業から20年以上経った。今や「伝統的な大企業」と言っていい。昭和な日本的経営の時代遅れ感が、ますます強まる言葉だった。

直近では、コロナ禍で多くの人が通勤時間の無意味さと生産性のなさに気づいている。地方にいても東京の仕事ができるし、東京にいても地方の仕事ができる。そういう変化が図らずも浮き彫りになった。

生き方の選択肢が広がっているのだ。１つの会社で勤め上げることが唯一の選択肢ではないし、同じ会社にしがみつくことが安泰よりも不幸を呼ぶ可能性も高くなってきた。

いろいろな前提が音を立てて崩れ、ぐちゃぐちゃになっていく時代。先行きについても誰も断定できない、とりわけ、どんな産業が成長し、どんな企業が繁栄するかはわからない。GAFAM（グーグル＝アルファベット、アップル、フェイスブック＝メタ、アマゾン、マイクロソフト）が絶対安泰みたいなことを言っている人が多いが、その手の話は、昔だったら、IBMの天下は絶対、ジャパン・アズ・ナンバーワンは絶対みたいな話と同じで、アテにならない。歴史の終わりは来ない、むしろ私たちは今、新しい歴史の始まりに立っていると思ったほうがいい。

そこで重要になるのは何か。**企業も個人も、「人々がどんなものに価値を見出し、何にお金を払うのか」というビジネスの原点に立ち返る**ことだ。

時代が変われば付加価値のありようも変わる。大きな付加価値を生む産業は農業から工業、工業から情報産業、情報産業から知的産業へと移り変わってきた。変化が加速している現代においては、「では、今はどうだろう？」と常に考える必要があるのだ。

たとえば、大量生産・大量販売型のビジネスモデルが通用していたころは、ハードウェアの進化で勝負できた。しかし今の消費者は、たとえば「めちゃくちゃきれいに細部まで映る」と評判の4Kテレビよりも、ネットフリックスやアマゾンプライムなどのサブスクリプションサービスのほうにお金を払う方向へとシフトしている。

要は多彩な映画やスポーツ中継、YouTube動画を楽しめればよく、ディスプレイはスペック（性能）よりも価格の安さで選ぶ傾向が強くなっているのだ。コンテンツが4K化しつつあるから4Kテレビを選ぶにしても、そのなかでの画質差に価値を見出していない。

こうした消費者の嗜好の変化を察知できないと、「これでもか、これでもか」とスペックの高さを追求するという、ほぼ無意味な仕事に時間を費やすことになる。

仕事とは本来、「人の役に立った対価を受け取る」ことだ。ユーザーは「こういうものがあってよかった」「助かる」「役立つ」と思う製品やサービスに、自分が働いて得た大事なお金を支払う。製品やサービスが提供されるまでにかかった原価に、ユーザーが上乗せをして支払うことで、提供した側は利益を得る。そして利益のなかから給料が払われ、それが消費に回り、さらに残った利益から将来への投資が行なわれる。そうやって世の中は回っている。

本当の「仕事」を追い続けることが、日本のサラリーマン再生への道

この仕事の本質、事業の本質は、自分で起業してみると、身をもって知ることになる。人様のお金を預かり、それを使って事業を立ち上げ、自分がつくったものを売り歩く。そのなかで、絶対の自信があっても売れないという体験を嫌というほど味わい、「人の役に立った対価を受け取る」という仕事の基本原理をまっとうすることが、いかに難しいかを思い知るのだ。

ところが、大学からストレートで大企業に入ると、組織のなかで自分が何をしているのかも理解しないうちから、決まった給料が毎月支払われる。やがて、何をしようとしまいと給料が払われるのが当然という感覚になってしまう。すると社内の空気を乱さない、余計なリスクを取らないという処世に向かうのは自然な話だ。こうして、本当の意味での仕事をしない「クソサラリーマン」が誕生する。

今こそ、働いている人すべてが、「自分のやっていることは仕事として成り立っているのか」ということを改めて自問すべきだ。仕事とは、会社に行くことではもちろんなく、

本来的な意味での「仕事」である。

今、自分は人様に喜んで十分な対価を払ってもらえるようなお役立ちをしているのか？　将来はどうか？　もしよくよく考えてそれが怪しいとなったら、どうすれば「仕事」と言えるようなことができるようになるのか。

今から30年あまり前、リクルート事件が起きたとき、まさしくジャパン・アズ・ナンバーワンの時代だったが、稲山嘉寛《よしひろ》経団連会長が「リクルートは虚業だ」と言い放った。稲山会長の出身企業（今の日本製鉄）とリクルート社の現在の業績、時価総額を比較してみたらいい。実業（中味のある仕事）か虚業（中味のない仕事）かを決めるのは、扱っているものが重いか軽いか、製造業かサービス業かではなく、顧客がその時代において何に付加価値を認めるか、なのである。企業も個人も、そのことに謙虚かつ敏感でなくてはならない。

考えてみれば、テレビだって本来は映像コンテンツを見るための道具であって、顧客の真の目的は、あんな大きくて電気を食う代物《しろもの》を所有することではない。地上波放送しかなかった時代は、テレビという「モノ」の所有イコール映像コンテンツを楽しむ「コト」だった。しかしビデオが登場し、さらにはネット配信が本格化すると、この等価関係はみごとに崩れ、肝心の「コト」を中心に関連産業全体の大変容が始まる。

こうした大きな変化が、自分の会社の事業、自分の仕事にいつ起きるかわからない時代に私たちは生きているのだ。

人の役に立てる新たな仕事を見つける

では、産業構造が大きく変容するなかで、個人の職業選択をどう考えるか。

絶対になくならない仕事、と考えるのなら、何よりもエッセンシャルワーカー。それに今後はレクリエーションを提供する仕事なども生き残れるはずだ。

まだ遅くはない。従来の基準では多くの仕事が対価を払ってもらえなくなり始めている、すなわち仕事として成り立たなくなっているということを認識し、何になら対価を払ってもらえるかを、素朴に、真摯《しんし》に問い直そう。本当の意味での仕事をして人の役に立てる場所は、必ず見つかる。

そう考えれば、たとえリストラ候補になっても怖くはない。そもそもリストラされるというのは、その企業の今の事業構造に適さず、居続けても幸せになれないということだからだ。人間としての存在を否定されたわけではない。**自分の素質や能力を真に生かし、人の役に立てる新たな場所を見つければいいのである。今の環境に居続けることが唯一の道ではない**のだから。

仕事と真剣に向き合った人には、必ず道がある。今まで数多くの企業、個人を見てきた経験からも、そう断言できる。

POINT

自分は「仕事」をしているか。この問いと真剣に向き合おう。仕事の意味と価値は「人の役に立った対価を受け取ること」だと気づいた人には、新たな道が必ず開ける

成毛

最低でも2回、転職せよ

仕事というものの本当の意味と価値を今こそ問い直せ、という冨山さんのメッセージは、多くの読者に響いたことと思う。

加えて、自分に向いているかどうか、自分が楽しいと思えるかどうかも、やはり職業選択において重要である。しかし、これが自分でわかっているようで、意外とわかっていないものなのだ。

そこで思うのは、大企業の社員の転職が少ないのも問題ではないかということだ。30歳くらいで最初の転職、45歳で2回目の転職と、最低2回の転職をしたほうがいい。なぜなら、業種や仕事に合うか合わないかは、1社で働いただけではわからないからだ。

楽しく働くには、能力よりも、相性や適合性が大切だ。たとえば接客営業に向いていない人が店頭に立つ、事務仕事に向いていない人が間接部門で働く、どちらも同じくらい地獄だ。実は海運がおもしろそうだと思っていたのに、たまたま新卒で採用されたのがメガバンクだけだった、などのミスマッチも、あちこちで起こっているだろう。

自分に合っていない場所で毎日働かなくてはいけないことほど、苦しいものはない。自分に合っている場所ならば毎日が楽しく、生産性も上がりやすい。だからこそ、自分に合ったところを求めて、もっと自由にビジネスの世界を回遊していいと思うのだ。

もし私が1社しか勤めたことのない会社員だったら、もんじゃ焼き屋でアルバイトをしてみたい。会社内ではベテランのオジサンが初心者となって、20歳そこそこのバイトリーダーに仕事を教わり、「そうじゃない！」なんて怒られたりしながら接客に立つ。なんと楽しく新鮮な体験になるだろうかと思う。

そう、その気になれば、今は副業でバイトだってできるのだ。**新しい環境に行けば、誰だってダメダメな部分が露呈する。そんなダメダメな自分すらも楽しめばいいのだ。**

少し極端な例だったかもしれないが、1社にがんじがらめになっているよりは、ずっといい。いろんな環境を知ることで、1社しか知らない人よりは深みのある人間にもなれるはずだ。要するに、人間の幅が広がるのである。

しかし、なかなかどうして日本では転職しづらい。「1社で定年まで勤め上げる」という傾向は薄れているだろうが、優秀な人も大企業に入って20年もすると視野狭窄《きょうさく》の昭和的サラリーマンになる傾向は残っている。同族企業にいるうちに自分まで一族に加わったかのような「気持ちだけ同族」な会社員も多いだろう。

退職金に縛られて転職しないのはつまらない

転職してもいいのに転職しにくいのは、退職金制度にも問題があるからだ。最初の転職タイミングの30歳はともかく、2回目のタイミングである45歳は、ローンで家を買うころだ。その返済に退職金を組み込んだりするものだから、もう会社から逃れられない。あとは定年まで保身に走るしかなくなるのだ。

となると、まず退職金税制を変えることが、人材の流動性を高める政策となるだろう。異様に低い退職金の税率を、通常の給与所得より高い水準に引き上げる。次に、退職金に相当する額を、確定拠出年金資金として毎月会社に支給させる。これは非課税とする。

すると結果的に退職金はなくなるが、毎月の手取り額は確実に増えるし、確定拠出年金資金とすることで金融市場にも資金が供給される。そして、個人の人生にもっとも重要なこととして、「退職金に縛られないから転職しよう」という人が増えるのだ。

そもそも退職金という制度が、昭和の遺物である。戦後間もないころには企業にカネがなく、賃金をまともに支払えなかった。そこで「40年後にまとめて支払うからね」と賃金の後払いを社員に申し出たのが、退職金制度の始まりなのである。

メガバンクやゼネコンといったドメスティック大企業から、すべての若手社員を成長分野や中小企業に引き抜くのもいい。困った大企業は、子会社や下請け企業などから人を採用し始めるであろう。彼らの給料は一気に上がるはずだ。結果的に、国全体として平均給与が上がり始めるだろう。

大企業を叱るだけでは意味がない。彼らは巨大な質量とシステムがもつ慣性で生きているからだ。だからこそ、若手を引き抜いてしまうのである。大企業はロートルばかりになり、必然的に変化せざるを得なくなるだろう。

POINT

政策主導で「人生、最低2回の転職」をスタンダードとしていくべきである。日本人があまり転職しないのは、「給料後払い」の退職金制度のせい。退職金税制を改革せよ

富山

自分の「本業」を問い直せ

「1社しか知らない会社員だったら、もんじゃ焼き屋でアルバイトしたい」という成毛さんのアイデアは、さすが、おもしろい。触発されて私も少し考えてみた。

やはり「仕事」、すなわち誰かの役に立っていることが実感をもちやすい現業がいいだろう。春先の季節労働者として植木職人に弟子入りする。これは健康にもよさそうだ。あるいは宅配便の集配。あっという間に地域の情報通になれる。車の運転が好きなら、大型二種免許をとってバスの運転手をやるのもいいかもしれない。

試せる仕事は、このようにいくらでもある。そしてどの仕事も突き詰めていくと、奥が深い。少し前にNHKの『プロフェッショナル 仕事の流儀』という番組で、バスのスーパー運転手の話をやっていたが、私たちは地方バス会社の経営をやっているので、まさに我が意を得たりの内容だった。東京の一流企業のサラリーマンの仕事が高度な「仕事」だと思っていたら、大きな間違いだということがすぐわかる。

まして少子高齢化が進む日本では、近い将来、さまざまな業界で人材不足が起こる。**できそうなことは何でもやってみるくらいのフットワークの軽さがあれば、転職や副業に困ることはない**はずなのだ。

だが、現実を見ると、一方では圧倒的に人手不足の業界がたくさんあり、もう一方ではリストラだなんだと戦々恐々とする会社員がいるという、実に不思議な構図になっている。はなから別業種を転職先の選択肢から外しているのか。あるいは、新卒入社から定年退職までの一本線しか見えない会社という狭い空間にいるために、他の選択肢が目に入りづらくなっているのか。

別の選択肢が目に入っていても、今さらダメダメな自分を味わうことを恐れてしまうという心理もあるだろう。新しい環境で怒られたり、あろうことか年下の先輩に指導されたりするのが怖いから、なじみ深い場所にしがみついてしまうのだ。

どうしても転職に抵抗があるのなら、まずは副業を始めればいいと思う。せっかく副業を解禁する企業が増えているのだから、今の会社や、今の業種以外のところで働いてみればいいのである。

本当の「業」があってこそ、楽しく「副業」もできる

だが、改めて考えてみると、そもそも日本の会社員には「副業」という概念が、やはりしっくりこないようにも感じる。

副業というからには本業があるはずだ。では、日本の会社員の「業」とはいったい何だろうか。「会社員」というのは、あくまでも立場を示す言葉であり、なにかしらの「業」を示す言葉ではない。

もちろん、会社員にも専門技能的なジョブ型（注17）、プロフェッショナル型の働き方をしている人はいる。だが、ただ会社にいてルーティンワークをこなすだけの人のほうが多い。ゼネラリストと言えば聞こえがいいが、要はできることが明確にないので、やむなくゼネラリストと言っている場合がほとんどだ。「一生、この会社に帰属します」と誓って、その対価として給料を得るのは、「業」ではない。真の仕事は「業」をもっていない人にはできないのである。

副業という言葉が日本で上滑りしがちなのは、どうもそのあたりに原因がありそうだ。

つまり、世の多くの会社員は「業」をもたないのではないだろうか。

そうなると、副業の是非を問う以前の問題になる。

「業」とは、自分の能力と才覚とスキルで稼ぐことを指す。果たして自分にはそういうものがあるだろうか。今、そういう働き方をしているだろうか。そういう自問自答から始めなければならない。

すなわち、自分の能力と才覚とスキルを人に提供し、その対価を受け取るという経験をしているかを問いかけるのだ。「本当の意味での仕事」をする会社員たるには、やはりまずそこからだろう。

POINT

自分の能力、才覚、スキルを人に提供する「業」とは何かを、考えてみよう。会社に行ってルーティンをこなすのは「業」ではない。副業を考えるのは、まずそこからだ

成毛

「ガラパゴス人材」になってはいけない

日本の会社員の多くは「業」をもたないのではないか、という冨山さんの指摘は実に当たっていると思う。耳の痛い人は少なくないだろう。

真に己《おのれ》の能力で対価を得ることができれば、会社にしがみつかなくても生きていける。**「業」をもたぬがゆえに、帰属している会社組織でしか生きていけないような「ガラパゴス人材」になってはいけない。**組織に己を最適化させるという処世術は、もう通用しないのだ。

ひょっとしたら、今いる会社の幹部や直属の上司が、その組織の論理、暗黙のルールをふりかざしている場面に多々遭遇している人も多いかもしれない。

なんのことはない、彼らは、硬直化した組織で定年まで逃げ切るべく「保身」を図っているだけなのだ。彼らのやること、なすことを「ふーん、そういうものか」と唯々諾々と受け入れているうちに、今いる組織のロジックでしか、ものを考えられなくなってしまう。

それこそ「ガラパゴス人材」の始まりだ。

そもそも、なぜ日本企業で出世する人たちの多くが、保身しか頭にない輩と化してしまっているのか。

野心的な人ならば、まず入った企業で実力をつけて成果を積み上げ、たとえば30代くらいで外資にヘッドハントされて年俸1億円くらいで5年ほど働き、その後は好きなことをして暮らしていく――といった人生設計になる。実際、アメリカでは、そういう考え方で仕事人生を切り開いている人は多い。

ところが日本では、多くの会社員が、そこそこの幹部に出世してもせいぜい年収1200万円くらいで、あくまでも組織にかじりつこうとする。冨山さんの言葉を借りれば、己の「業」を培うことなく、いわば、所属する組織のなかでの処世術だけには長《た》けている「プロ会社員」として定年まで居座ろうとする。

それはなぜなのか。

前にも述べたとおり、日本には退職金という奇妙な制度がある。

安月給を受け入れる代わりに、40年ほども勤め上げれば、それまで低く抑えられていた分をまとめて払ってもらえる——となれば、なんとしてもその組織で勤め上げようと考えても不思議ではない。そして定年まで勤め上げるには、その組織に己を最適化するのが一番だ。かくして、判で押したようなガラパゴス人材が量産されてきた。

もちろん、それが日本の経済成長を支える有効策として機能していた時代はあった。日本人全体が「経済先進国の仲間入り」という同じゴールを目指して、同じようにがんばっていた時代だ。

だが今は違う。経済は縮小し続けており、あと10年もしたら老後の見通しが立たない、なんて人はザラにいるという状況になっているはずだ。零細・中小企業の会社員だけではない。財閥系の大企業に勤めていても、である。

定年まで、とにかく大過なく過ごしたほうが安全だの無難だのと考えているのなら、今すぐ認識を改めたほうがいい。組織にしがみついて保身に走っている場合ではないのだ。

これからの人生の明暗を分けるのは、「どんな企業に勤めているのか」ではない。企業に属することの「恩恵」とされてきた制度に頼ることなく、「自分で生きていく手段をどれだけ用意できるか」なのだ。

POINT

今いる組織でしか生きられない「ガラパゴス人材」には後がない。組織に属していれば安泰な時代は終わった。組織内での保身に走るよりも、自分で生きていく手段を考えよう

冨山

「伝統的大組織」に頼らないのが幸福への近道

市井《しせい》ではこれほど「個人の力」が問われる時代になりつつある一方、政府をはじめとする伝統的な大組織というのは、今や非常に奇妙な空間だ。一般人からすると信じられないようなロジックが、なぜか、あの空間ではまかり通ってしまう。

そんな奇妙な現象に遭遇して苦心した私の生々しい実体験を挙げよう。前にも少し触れたが、2003年から産業再生機構で金融機関の不良債権処理のために事業再生と債権買取の仕事をしていたときのことだ。

金融機関が企業に融資した債権、特に不良化している債権を買い取る際に重要になるのは、担保となっている資産の価格である。担保の価値が高ければ、債権の価格も高くなる。その担保について「取得原価（有価証券や不動産などの資産に担保権を設定した時点での原価）で債権を買い取ってほしい」と金融機関の人たちから言われた。しかし、これはおかしい。そもそも担保とは、融資が焦げ付いた際に処分して資金を回収するためのものだ。ならば「時価評価（有価証券や不動産などの資産を現在の市場価格で評価すること）」で買い取るに決まっている。欧米だろうと中国だろうと、それが常識だ。

ところが相手は、「それはそうなのだが、日本は違うんだ」と言う。政治家や役人の中にも「日本の金融システムは取得原価主義の安定した担保評価によって成り立っている」「時価評価なんてアテにならない、取得原価こそ会計的にもっとも確かな数字だ」などと支離滅裂なことを言い出す連中が現れ、まったく筋が通らない。そんなことを言ってきたから、バブル崩壊から10年以上かけても不良債権処理が終わらなかったのではないのか。

そこで、彼らの言い分は無視して時価のあるものは時価評価で、それがない場合はDCFという世界的に当然の標準となっている方法で、現在価値評価を行なって買い取りを始めた。

すると今度は世間から「冨山はアメリカの回し者だ」「売国奴だ」「クビにしろ」などと猛烈なバッシングをされたりもしたのだが、それから1年半ほど経ったころ、また不思議なことが起こった。

私たちが時価評価での債権買取をどんどん進め、過剰債務企業の再生、再編が進み、不良債権もどんどん減り始め、世界からの日本の金融危機に対する見方も風向きが変わり始める。米国のFRBの前議長、現財務長官であるジャネット・イエレン（当時はサンフランシスコ連銀の総裁）を始め、世界的インフルエンサーが日本を訪れ、産業再生機構にもヒアリングに来て、とてもポジティヴな評価を発信してくれるようになる。

すると国内のマスコミもなんだかとても優しくなって、「閻魔《えんま》大王」「冷血官製ハゲタカファンド」みたいな書き方が、「企業再生の旗手」「再生ファンドの官製モデル」みたいなものに変わり、テレビでは私たちが関わった案件にまつわる泣かせる話、いい話の特集を始める。実際、今の地方創生につながるような社会性の高い案件もたくさんあったので、ちゃんと取材するとそんな話はいくらでもあるのだ。

このように「なんだかうまくいっているらしい」という空気が世の中に充満し、担保の時価評価も当たり前という空気になってくると、ついには「取得原価で買い取れ」と言っていた張本人たちが豹変したのだ。

なんのロジックも釈明もなく転向したオジサンたち

あれだけバッシングを受けた2003年から空気が一変するまでの時間は、わずか2年である。当初、ご親切に私を呼び出して「冨山さんは金融の素人だから教えてあげる」とニッポンの古い金融のお作法について大高説をかましてくれたオジサンたちが、わずか2年でなんのロジックも釈明もなく大転向していった。

とりわけおもしろかったのが、そう言うオジサンたちのなかに「産業再生機構の生みの親」と自称する人が次から次へと現れたことだ。英語の Success has many fathers（成功にはたくさんの父親が現れる）を地で行くような展開だ。ひょっとすると戦後の日本もこんな感じだったのかもしれない。

要するに、彼らには確固たるファクトもロジックもプライドもなく、自分たちが属する組織の空気に合わせているだけなのだ。組織の空気がAなら「Aだ」と言い、Bに変わったら「もちろんBだ。前からそう考えていた」と言う。

そうやって何か起こるごとに局面突破を繰り返し、終わったらすべて「なかったこと」

にしてしまう。だから、有効なロジックも戦略も積み上がらない。その結果、類似する危機が起こったときに、また以前と同じような失敗をする。

古くて大きい組織の変化は、必ず世の中の変化よりも遅れて起こる

政府にいる人たち個人を責めるのは気の毒かもしれない。問題は、個々人の能力ではなく、政府という組織の性格にあるからだ。

長年にわたりうまく機能した組織というのは、制度化が高度に進んでいる。法体系とか積み重なった先例などといった、たくさんのフォーマル、インフォーマルな制度でがんじがらめになっているものだ。その組織のなかで生きていく人に関わるルールもかなりきっちりシステム化され、その人たちの動機づけも固定化されている。格好よく言えば法治的組織となるし、悪く言えば官僚的組織ということになる。

このことは、約260年間も機能した徳川幕府にも当てはまるし、今の日本の政府の仕組みにも当てはまる。そして長年機能してきたほど、組織システムを変えることは困難を極める。

たとえば国家行政組織法体系、地方自治法体系、公務員法体系は、実に複雑で重層的で相互に絡み合ってがんじがらめになっている。だから、国の仕組みと組織能力の根本部分を改造しよう、すなわち私が著書（注18）などで以前から提唱しているコーポレート・トランスフォーメーション（CX）の政府版をやろうと思って、これらの基本法体系を変えようとすると、どこか1つ動かすだけでドミノ倒し的にたくさんの改正が必要になる。どこかのメガバンクの情報システムのように複雑怪奇で、下手に手を入れるとバグが出まくりでシステムが停止する状態になっているのだ。これを大改修するのは本当に大変だ。

ずっと組織の空気に従って生きてきた人たちに、「自分の頭で考えて、正しいと思う大改修を断行してほしい」と急に求めるのは酷だろう。そんなことをしたら、とたんに、あの空間で生きることが難しくなってしまう。

とりわけ政府の官僚機構は、今でも清く正しい新卒一括採用、終身年功制のガチガチのヒエラルキー組織である。組織の空気に従うのは、30年、40年と同じムラのなかで生きていく知恵としては当然だし、頭のいい人が多いので、そのいい頭を与えられた使命をその場のお作法のなかでうまく妥協してまとめること、保身とやりがいのバランスを取りながら生きていくのに使うことになるのが普通だ。だから、大改修なんてリスクの大きいことには手を出さす、パッチワークで当座しのぎをするのが自然な選択となる。

もちろん、そんなジレンマをぶっちぎってやっていける突出した人たちはいつの時代もいるし、産業再生機構で私たちを支えてくれた当時の若手官僚はそういう人たちだった。ただ、なにせ多勢に無勢。政府の組織能力は、平均的な優等生官僚の行動パターンにどうしても引っ張られる。

最近は役所のなかに存在するムラの空気に加え、政治主導が進んで政治家の顔色も真剣に読まなくてはならない。政治家は政治家で、自分の選挙区の空気と党内の空気を読まないと生きていけない辛い商売だ。

あちこちの空気を読みながら膨大な量の仕事をこなす。それはそれで大変だと思う。

国民としては、ファクトやロジックよりも空気で物事が決まっていく組織に自らの人生の行方《ゆくえ》を託すのはリスクが大き過ぎる。

このことは、立場をサラリーマンに置き換えると、自分が勤める古くて大きな組織について官民を問わず当てはまる。

個人は、「45歳定年」のつもりで人生設計しよう

近年、サントリーＣＥＯの新浪剛史《にいなみたけし》さんが経済同友会で45歳定年制を提唱してバッシングを受けていたが、今後のホワイトカラーサラリーマンの行く末を考えたらもっともな議論であり、指摘が的を射ていたからこそ、あそこまで炎上したのである。

この際、**日本政府再生の第一歩として、まずは霞が関のキャリア官僚から45歳定年を導入したらどうだろう。**45歳で辞める、すなわちその後の人生が40年、50年とある前提になれば、当然、学生時代から定年までに、どこでも飯が食えるプロフェッショナルなスキルを身につける努力をするだろう。そうなれば、キャリア官僚としての戦闘力も上がる。

政治主導で幹部職員の人事を政治家に決められても困ることはない。自分の政策と違う政権のときは辞めてしまえばいい。そして将来、自分と同じ考えの政権ができることを民間人として応援し、政権ができたら政治任用で、局長でも次官でも補佐官でもなって力を振るえばいい。民主主義なのだから、これが当たり前だ。

先に成毛さんが指摘していたように、もともと世の中の平均的な変化より遅く変わるの

が政府というものだ。

だから、政府の自律的変化にはあまり期待せずに粛々と自衛策を整えつつ、個人としての幸せを追求したほうが身のためだろう。45歳定年制についても、民間人の皆さんは自ら勝手にそういうつもりで人生設計し、準備をしておくことをお勧めする。

POINT

「喉元過ぎれば熱さを忘れる」ので瀕死になるまで変われないのが政府をはじめ日本の伝統的大組織の従来体質。組織が自ら変わると思わず、まずは個人としての幸せを追求せよ

【注記】

1 2025年は経産省が「21年以上稼働しているレガシーシステムが6割以上を占めるようになり、DXが進まなければ最大年間12兆円の経済損失が出る」と警告した「2025年の崖」にもあたる

2 「ドイツ中小企業支援策等に関する調査報告書」ジェトロ・デュッセルドルフ事務所 2021年

3 「工業統計表」経済産業省 2016年、「事業所・企業統計調査」総務省 2006年

4 「世界の輸出額国別ランキング」グローバルノート 2020年

5 稲作農家は消費低迷、生産者減少、安い外国米輸入などの構造的危機に直面し続けていた

6 軍艦が船団を護衛するときは、もっとも速度の遅い船に合わせることから、行政がある産業を保護育成するとき弱小企業に足並みを揃えるよう指導し、その産業全体の収益力と安定性を高める方式をいう

7 南関東から中京、阪神、瀬戸内を経て北九州まで帯状に連なる工業先進地帯

8 科学・技術・工学・数学の理数系人材育成を総称する言葉。経済成長に必要不可欠な教育政策

9 規模や程度を拡大もしくは縮小したりすること

10 2003年から4年間だけ存在した時限的な官民共同組織。不良債権処理、企業再建に力を振るった

11　社会人が必要に応じて学校で再教育を受け、仕事と教育を繰り返す循環・反復型の生涯教育体制

12　企業価値評価法の1つ。ディスカウンテッド・キャッシュ・フローの略。割引現在価値方式

13　18世紀末の蒸気機関、20世紀初頭の電力、20世紀後半のコンピュータによる産業革命に続く構造変革

14　「オンプレミス」の略語。サーバやソフトウェアなどの情報システムを組織の内部に設置して運用する。自社運用。組織の外部に設置してオンラインで運用するクラウドコンピューティングとの対比語

15　この場合は「情報システム部門」の略語。組織内完結で運用される点で「オンプレ」と同義語

16　フォード社の成長と分配の好循環モデル。生産性革命→賃金大幅アップ→労働者が車を買う→会社のさらなる成長。多くの産業が追随し、米国の経済成長と中産階級生成の原動力となった

17　入社前に職務内容や勤務地などの諸条件を労使で明確に合意決定しておく働き方。入社後に諸条件が決まり、変更もあるメンバーシップ型と対をなす。日本では後者が圧倒的に多い

18　冨山氏の著書『コーポレート・トランスフォーメーション　日本の会社をつくり変える』（文藝春秋）や、田原総一朗氏との対談本『新L型経済　コロナ後の日本を立て直す』（角川新書）など

第2章

日本経済再生戦略

――イノベーションで革命を起こせ

成毛

若者は上場企業よりユニコーンを目指せ

日本はもう、いい加減に昭和的価値観から脱却しなくてはいけない。 特に昭和型企業はすぐにでも改革に手を付けなくては手遅れになる。

いかに昭和型企業が社会的害悪となっているか。悪例はいくつもあるが、目に余る昭和型企業、東芝を取り上げる。

東芝は、所得隠しや粉飾決算など以前から数々の不祥事を起こしてきたが、２０２１年に判明した不祥事は特筆すべきものだった。２０２０年の株主総会において、東芝は経産省と結託し、外国株主（シンガポールのエフィッシモと３Ｄ、アメリカのＨＭＣ＝ハーバード大学基金運用ファンド）の株主提案権や議決権を阻害しようと画策したというのだ。

東芝側の根本的な目論見は、これらの株主に解任されそうになった社長の保身のために経産省を利用しようというところにある。そこを経産省は見抜けなかったというバカげた話ではあるのだが、世間の耳目を集め、巨大企業の転落ここに極まるの感があった。

東芝だけではない。日本は多かれ少なかれ昭和的なものを引きずる企業だらけである。

たとえば私は企業から講演などを頼まれることもあるが、業務委託契約書やら請求書やら、書類の提出をやたらと求められるのだ。面倒なので講演を即刻断る。なかには断り切れない大企業からの依頼もあったが、打ち合わせ時に「自家用車で来るのか、タクシーで来るのか」でメールを3往復したところで堪忍袋の緒が切れ、断った。

某出版社では一定額以上の印税支払いにあたって、請求書を提出してほしいという。呆れ果てて苦言を呈したら、実は担当編集者も編集長も前々から困っていたということが判明した。結局、社内で問題となって、請求書は全面的に不要になった。

要するに各社とも管理部門が昭和のままであり、現場は困っているのだ。

その点、実は中央省庁のほうが手軽だ。せいぜいその場での領収書だけで済んでしまう。そこで、これは「日本の上場企業特有の昭和的体質」なのではないかということに、はたと気づいた。

たとえば10年前は身軽なスタートアップだった企業が、上場したとたんに面倒くさいロートル企業に変身してしまうことがずっと不思議だった。それも証券取引所の規則が昭和のままだからではないか。

上場するにあたって、どうしても昭和的手法に従うことになり、昭和を知っているオジイサンを管理部門に採用する。そのオジイサンたちが全部門に昭和を強要するのだろう。かくて当初は身軽なスタートアップだった企業で、昭和の再生産と相成るわけだ。

「企業の昭和化」に暗躍していると思われる日本の証券取引所。そんなものに足をとられないように、若者はユニコーン（評価額が10億ドル＝約1150億円を超える未上場のスタートアップ企業）を目指すべきだろう。

日本にGAFAMのようなイノベーティブな企業が存在しない遠因の1つも、ひょっとしたら日本の上場制度にあるかもしれないのだ。

昭和オジイサンたちに「ご退散いただく」法

最近、『東洋経済オンライン』で「『日の丸半導体』が凋落したこれだけの根本原因」という記事を読み、深刻に受け止めた。このままだと日本は半導体どころか、発電システム部門、公共インフラ部門、二次電池部門なども国際競争力を失う可能性が高いと思ったからだ。

たとえば記事には、こんな記述がある。

「投資などを決めるのは本社様で、半導体のマーケットをわかっている人間が（投資の）賭けに打って出ることはほとんどできなかった。しかも、半導体が儲かったときは（利益を）全部吸い上げられるし、損をしたときは（事業を）止めろと言われる」と。

外国人投資家は、そうした昭和型大企業のコングロマリット（注1）体質を見抜いている。本社に鎮座ましますサラリーマン上がりの素人経営者が素人判断をしている。だから資本効率が悪いだけでなく、そもそも経営判断が稚拙なのだ。

東芝はまさにそういう会社だった。本来ならファンドが買収してバラバラに解体し、それぞれの事業にプロの経営者を雇い入れる一方で、東芝本体は三菱重工やＮＥＣなどの部門を買収して国際競争に勝てる「単一」事業会社をつくるべきだった。

しかし、そうした大ナタを振るうことはなく、スピンオフを報じられるに至っている。

悪い例は東芝だけではない。２０１１年の日立と三菱重工の合併話は、三菱重工のＯＢによって阻止されたといわれている。本社に鎮座まします素人サラリーマン経営者どころか、隠居しているはずのオジイサンたちが経営を左右していたわけだ。

もし、この合併が行なわれ、事業単位で複数の単一事業会社が生まれていたら、様相はまったく違ったものになったはずだ。

東芝のファンド買収も、日立と三菱重工の合併話も、阻止された裏には経産省や政治家がいたと推定されている。**昭和型大企業は国とオジイサンによって延命されても、いずれ滅びる。しかし延命コストのツケは、低成長経済という形で国民に押し付けられるのだ。**

2022年4月に東証は3部制に移行した。それを見越して、大企業では「親子上場」を解消する動きが進み、さまざまな業界で再編が起こりやすくなると指摘している記事を見かけた。ありそうな話ではあるが、問題は再編対象となる社長と役員だろう。

買われる側の社長は自分の立場を守るために反対し、買う側の役員は自分の天下り先がなくなるから反対する。要するに会社や社員や株主のためではなく、自分の保身のための抵抗である。そういうオジイサンたちには、少しばかりのカネか、それに代わる名誉を与えて去ってもらったほうが日本経済のためだろう。

たとえば、こんな方法はどうだろうか。

3部制への移行で、最上位のプライム市場には東証1部から1800社以上が組み込まれるという。だが、その上に「スーパープライム市場」をつくり、コングロマリット型大企業、すなわち経団連企業２００社程度を閉じ込めるのだ。
スーパープライム市場の上場企業の経営者には、勲章でもくれてやればいい。サラリーマン素人経営者は、今生《こんじょう》で最高の名誉と大喜びするだろう。かくして抵抗にあうことも恨みを買うこともなく、昭和を封じ込めるという目的は果たされる。一方、本当に将来性のある企業には資金が投入され、万々歳だ。

POINT

昭和に染まりたくない若者はユニコーンを目指すべし。昭和的価値観を引きずる者が実権を握っている企業は変革をしない。そして、その傾向は特に上場企業に強いからだ

冨山

卓越した若者が育ち、集まる土壌の整備を急げ

日本の政官界にも産業界にも根強く残る昭和の価値観。そのヌシである昭和オジイサンを今さら変えるのは難しいかもしれない。だとしたら、成毛さんが言われるように**「去ってもらうこと」が上策**となるだろう。

一方で、改めて国際競争力をつけなくてはいけないのは当然の話だ。**国際競争力をつけるには、国内の人材を育てるだけでなく、国外からも優秀な人材が集まる国になる必要がある。**

繰り返すが、破壊的イノベーションの時代、競争力・成長力の圧倒的源泉は多様な卓越した人材の集積であり、そういう連中から生まれてくるスタートアップであり、そこに世界中のカネも吸い寄せられていく。

現在、能力が高くて野心的な人がもっとも集まるのは、やはりアメリカだ。そういう人たちは「自由」と「資本主義」が大好きだからである。

アメリカは、いくら能力を発揮しても出る杭は打たれない、いくらカネを稼いでも足を

引っ張られない、というのが基本の国だ。

今や世界第2位の経済大国になっている中国は、経済的には資本主義だが、アメリカほどの「自由」はない。だから、アメリカのようには世界中から人材とカネが集まらない。中国はここにきて力のある者からどんどん豊かになるべしという鄧小平以来の先富論から、中産階級の押し上げを重視する共同富裕に転じる動きなので、資本主義度合いについてもアメリカと距離が開く可能性がある。

本当の意味で自由と資本主義の両方がたっぷりある国は、世界ではなんといってもアメリカなのである。もちろんこの両方がたくさんある分、アメリカは物騒で振れ幅が大きい荒々しいところでもあるが、若い荒ぶる才能がそういう国に引きつけられるのも現実なのだ。

では、日本はどうなのか。それを考えてみたい。

優秀な若者を潰してきた昭和のカイシャ社会主義

かつて情報革命時代の到来と言われた1980年代、日本には世界の先端を走るベンチャー企業が生まれていた。そう、前に述べたリクルートである。情報、すなわち無形で質量のない付加価値だけで成り立つビジネスモデル、企業モデルとして世界最先端だった会社だ。そのリクルートがどんな仕打ちにあったか。

インターネット革命が本格化した2000年代にも、ライブドアをはじめ世界的に先端的なビジネスモデルを展開する企業が日本にも少なからず現れた。そうした企業群がどんな目で見られ、どんな事件が起きたか。

ファイル共有ソフトWinnyを開発した天才プログラマーであり、デジタル通貨ビットコインの開発者とも噂される故金子勇氏がどんな目にあったか。

2022年の新年早々から、どこかの経済団体のトップが「新自由主義的な資本主義のいき過ぎで格差問題が起きている」とテレビで話していたが、日本に関するファクトフルネスは、高齢化インパクトを除いたジニ係数（注2）で見ても、資産保有の上位集中度で見ても、むしろ格差は縮まる傾向にある。米国についてならともかく、日本の経済社会の実態に関してはまるでトンチンカンな発言だった。

過去において世界の最先端を走りかけていたイノベーターたちを潰してきた歴史からもわかるように、**この国は出る杭を打ち、皆が昭和なホワイトカラーサラリーマン的中産階**

級に収斂《しゅうれん》する力を長年にわたり強烈に働かせてきたのである。だから、格差が縮まるのはある意味、当然の結果である。小学校の徒競走で、皆で手をつないで一緒にゴールするのが流行したらしいが、これを経済社会全体でやってきたのが日本の資本主義、というか日本型社会主義なのだ。

事業会社史上最大の粉飾事件を起こし、私たちが産業再生機構で再建にあたったカネボウ中興の祖である伊藤淳二氏は、会社運命共同体論という考えをもっていた。要は昭和の日本の資本主義は、外側は一見市場経済で競争社会だが、内側はカイシャという終身年功制の平等な共同体で、お互いに助け合いながら社会主義的に生きていくシステム、すなわちカイシャ社会主義だったのである。

内側は社会主義でお手々つないで仲よくやっていけても、外界で起きる競争やイノベーションは容赦ない。カネボウの大粉飾は日本型社会主義、前に述べた「企業内共助」型社会主義の先行的断末魔だったのだ。

昭和から平成へと時代が変わり、産業構造の大転換がいよいよ本格化すると、昭和のカイシャ社会主義モデルは多くの産業で成長力、稼ぐ力を失い、日本経済は全体的な所得減少による相対的貧困層の拡大に陥った。新自由主義のいき過ぎどころか、日本独特の社会主義のいき過ぎがこの国の衰退の根本原因なのである。

結局、米中と比較すると、日本は国家との関係での言論や思想の自由という意味では、おそらくもっとも自由だが、資本主義度合い、すなわち人間がその才覚と努力で大きな成果を出すこと、それが産業創造や富の創造に結実することを称賛する度合いにおいては、世界でも有数の反資本主義的な国なのである。だから、自由さ度合いと資本主義度合いの合計値という意味では、世界中から卓越した若い才能が集まるにはもう少し資本主義的にならないと厳しい。

ただ、いい兆しは生まれつつある、昭和なオジイサン連中が邪魔さえしなければ。

POINT

日本は自由ではあるが、才覚と努力が富の創造に結実するという資本主義度合いではダメだ。自由と資本主義の両方が揃う必要がある。昭和なオジイサン連中がその邪魔をするな

冨山

１９６０年代生まれのリーダーは昭和にとどめを刺せ

１９９０年代以降急速に進展しているグローバル化とデジタル化により、国単位とは別次元の世界単位の生態系が、多岐にわたる産業で形成されつつある。「大企業と下請け中小企業」といった従来のピラミッド型、縦型の産業構造とはまったく違う、重層的、立体的なレイヤー構造かつダイナミックな生態系だ。

バイオやインターネットなどの先端的なテクノロジー領域においては、すでにアメリカを中心に多くの新しいイノベーション生態系が形成されている。デジタルトランスフォーメーション（ＤＸ）の進展で、これからも既存の産業構造の破壊範囲は広がり、新しい生態系が形成される領域はさらに増えるだろう。たとえばモビリティやグリーンエネルギーなどはまだまだこれからの世界で、中心地の定まった生態系が未だ形成されていないように見える。

そういう状況のなかで、この国が真剣に考えなくてはいけないことが2つある。

1つは、どんな生態系なら日本が中心となりうるかだ。まだ日本に優位性があり、勝負できる生態系の選択が鍵となる。ひょっとすると、ややニッチな生態系を創造、選択するほうが勝率は高いかもしれない。

ただし、カネを出せば才能が集まるわけではない。かつて日本では高額賞金のスポーツ大会が行なわれ、トッププレイヤーたちがたくさん来日した。しかし、いわゆるメジャートーナメントは日本には移らなかった。カネの力だけでは生態系を形成できない証しだ。

では、何が生態系形成の鍵なのか。それが、先に述べた「自由」と「資本主義」の両方があることだ。研究空間、生活空間、ビジネス空間、家族や教育を含めた人生空間として世界基準で魅力的な場所であるか。この条件を満たしたところに人材が集まり、人材が集まるところに資金が集まるという順序なのである。

気候条件、地理的条件において、シリコンバレーはこうした条件が揃う潜在力をもっていた。実はアジアのなかでは日本もかなりいい線にいける潜在力がある。

治安がよく、温暖な気候で、美しい自然と名所旧跡、おいしい食事、加えて幸か不幸か世界的には今や住居費も生活費も安い。別に日本は米国モデル、シリコンバレーモデルを目指す必要はない。魅力度という意味では、元来かなりユニークに魅力的な場所なのだ。残っている課題は人為的に何とかなる課題、私たちがその気になれば何とかなる課題ばかりだ。

昭和をやめれば、才能ある若者が活躍する新時代がやってくる

もう1つは、バイオのように他地域で生態系の中心が形成されている領域でどう稼ぐかだ。たとえばネット空間はGAFAMが席巻しているが、ゲームやアニメコンテンツのレイヤーでは日本企業が強みを発揮している。他領域においても、どんどん多層化し、リアルレイヤーも融合していくなかで、レイヤーをうまく選択すれば、高成長、高収益のビジネスモデルを確立できる可能性がある。

ただ、これも政策誘導すべき話ではなく、卓越した才能をもった若者たちを自由にさせておくことが重要。デジタルネイティヴ、生まれつきサイバー空間の立体感覚をもってい

る彼ら彼女らはきっとおもしろいレイヤーを選択する、あるいは新しいレイヤーを創造するはずだ。

昭和なオジサン、オジイサンたちが口を出さないことが一番である。放置プレイのススメだ。昭和な連中はそもそも判断力がないんだから、意思決定権をもっていること自体が害悪だ。連中を早く退かせることが一番有効である。

成毛さんもよく引き合いに出されているが、ここに来て、将棋の藤井聡太さん、野球の大谷翔平選手のような、世界クラスで異次元の天才が若い世代から生まれている。彼らはある意味、前の世代が積み上げてきたことを根っこから覆すような破壊的イノベーションを起こしているのだが、今のところ世の中はそれをけしからん、鼻っ柱をへし折ってやれという感じにはなっていない。むしろ彼らを情緒論や根性論ではなく、科学的に分析しておもしろがっている。ファクトとロジック。これはいい感じだ。

彼らがいわゆる好青年で挑発的な言動を取らないタイプなこともあるが、昭和世代もさすがに歳を取って嫉妬エネルギーもだいぶ弱体化し、「昭和は遠くなりにけり」になったことが大きいと思う。

それでも政財官は、まだまだ年寄りに占有されている。私はいわゆる財界人としても、実はそれなりのポストに就いてきた。そうなってから10年以上経っているが、未だに若手財界人である。還暦過ぎの年寄りが若手と呼ばれているようでは終わりだ。

私は昭和の高度成長が軌道に乗り始めた1960年生まれで、人生の半分は昭和、残りの半分は平成以降を生きてきた。日本の年功世界では、役所も大企業もちょうど同世代の人たちが古くて大きな組織のトップになっている。昭和とそれ以降の狭間にいる我々世代のリーダーたちの責任は、**さっさと昭和に別れを告げ、その残滓《ざんし》である制度や慣行を徹底破壊し、上の世代を道連れに、すっきりさっぱりとデジタルネイティヴ世代にリーダーのポジションを譲る**ことだと思っている。

イノベーション環境整備の要は、関わる人たちの意思と努力

1990年代以降のアメリカのデジタル逆襲、ゲノム逆襲の主体となったのは、スタンフォード、ＵＣＢ（カリフォルニア大学バークレー校）、ＭＩＴ（マサチューセッツ工科大学）、カーネギーメロン、ハーバードなどの大学・研究機関と、そこに世界中から集まる才能と資金

だった。

ＧＡＦＡＭも、バイオ産業も、ｍＲＮＡワクチンも、そこから生まれ、成長し、すごいスピードで新陳代謝してきた。10年も過ぎたころには、同じ企業でも人材がほとんど入れ替わっている。

知識集約産業の時代のイノベーション主導の成長モデルとは、そういうものなのだ。だとすれば、**今の日本に本当に必要なのは、既存企業の単位を超え、既存秩序や権威にも従順ではなく、大それたことを考え、実行できる人材だ。**藤井聡太さんや大谷翔平選手のビジネス版、科学技術版である。大学であれ企業であれ、ベンチャーコミュニティであれ地域であれ、そういう卓越した若者が自由に育ち、集まるようなイノベーティブな空間を醸成していく必要がある。

私は20年前、長年の友人である玉井克哉教授と安念《あんねん》潤司教授を応援する形で、日本初のＴＬＯ（技術移転機関＝大学などの技術を民間企業に移転するための機関）を東大につくることに関わった。

また、同じころに日本初の産業連携本部の立ち上げを東大で手伝い、かつての同僚である各務茂夫《かがみ》氏（現東京大学大学院工学系研究科教授）を東大に紹介した。各務教授は後にアントレプレナー講座を立ち上げて、現在の東大生による起業ブームにつながる基盤をつくっていった。

さらには日本初の大学ブランドベンチャーキャピタルであるＵＴＥＣ（東京大学エッジキャピタルパートナーズ）設立以来、アドバイザーを務めつつ、東大松尾研究室（注３）を中心としたベンチャーコミュニティの形成を手伝ってきた。その過程で障害になる規制や制度の改革にも、コツコツと取り組んできた。

すべて、先に述べたような空間の醸成につながればという考えからだ。

こうした努力を私以外にも少なからぬ人々が続けてきたことが、時価総額２兆円という東大発ベンチャーの現在に結実しているのである。

20年前の東大は、「大学というのは学問をする神聖な場所であり、金儲けなんぞという下賤《げせん》なことに天下の東大が関わるなんて汚らわしい！」という空気だった。もちろん自分はスタンフォード大学とそのまわりのイノベーション生態系を体験的に知っていたし、それがスタンフォード大学の学術レベルを財政的に大きく押し上げていることも理解していた。だから東大内の空気が時代から完全に取り残されているという確信をもっていたが、とにかく大学内では我々はまったくの異端児だった。

２００４年に国立大学法人化という大きな制度変更があり、佐々木毅《たけし》総長、小宮山宏総長という卓越したリーダーが続いたことが、私たちのＫＹで大それた挑戦を可能にしたのだが、できない理由、諦める理由は簡単にそれこそ10も20も挙げることができたのである。

そこから約20年間、最近の五神真《ごのかみ》総長の時代に至るまで、真の良識と不屈の精神をもった人々の絶えざる努力があって、やっと世界からも注目され始めたグローバルクラスの多国籍イノベーション生態系「本郷バレー」（本当はあのあたりは丘なので本郷ヒルだが）が生まれつつある。

イノベーションに「飛び道具」はない。関わる人たちの強い意志と、たゆまぬ努力がすべてである。**次の20年間、どれだけ多くの人々が同様の、あるいはそれ以上の意志をもって努力を続けられるか。そこに日本の大学と産業の未来がかかっている**と思う。

POINT

卓越した若者が集まるような大学、企業、地域、ベンチャーコミュニティをつくろう。そこから、知識集約産業時代のイノベーション主導成長モデルがスタートする

成毛

日本再興の足がかりは今でもアメリカ

世界中の才能がアメリカに集まっている。冨山さんの言うとおりだ。付言すれば、才能ばかりではなく、世界中の投資マネーもアメリカに集まっている。

大きく影響しているのは、インターネットの普及だ。

インターネットの普及により、英語さえできれば英語の情報も得られるようになった。つまり、その場にいながら、世界中の情報が瞬時に得られるようになったのである。

どれほどの優良企業でも、投資家が企業情報や決算を読めなければ投資はしない。だから、インターネットが普及する前は、日本人は日本語で情報を出している日本企業、フランス人はフランス語で情報を出しているフランス企業、ドイツ人はドイツ語で情報を出しているドイツ企業だけに投資していた。投資マネーは国境を越えづらかったのだ。

それが今は様変わりしている。前々からアメリカは世界経済のセンターだったが、アメリカから得られる情報が乏しかったために海外からは投資しづらかった。そのハードルがインターネットによって取り払われた。世界中のお金がアメリカに集まるようになったのである。

外交・政治的に見れば米中対立が強まっているが、中国の金持ちはこぞってアメリカに投資しているはずだ。庶民は何も知らずに自国にわずかばかりの投資をするだけかもしれない。しかし、中国の情報強者である金持ちは、自国のヤバさがわかっている。

今や世界経済は「アメリカ&中国とレスト・オブ・ザ・ワールド（その他の国々）」といった様相だ。世界中の投資マネーがアメリカに集まるなか、株式の需要が供給を圧倒的に上回る。アメリカの株式市場が一本調子で上がっているのはこのためだ。

こうして強者はますます強者になっていく。日本経済の復興を考えれば、この国でもユニコーンが生まれることに期待したいところだが、**自己防衛策としては、毎月数万円の積立でアメリカのインデックスファンド（日経平均やアメリカのS&Pなどいろいろな株価指数に連動させて収益を図る投資信託）でも買って資産形成に努めることだ。**

ただし、国際情勢によってはすぐさま現金化したほうがいい場合もある。

今後もっとも注視すべきは中国の動向だ。もし中国が「超限戦」の戦闘ドクトリン（教義）に則って電力網や原子力発電所、金融機関に対するサイバー攻撃を始めたら、攻撃された国のシステムはめちゃくちゃになる。日本はおろか、アメリカですら太刀打ちできないかもしれない。

近々、中国の台湾侵攻が始まるかもしれない。そうなったら、いくら強いアメリカの株式市場も暴落する。中国のサイバー攻撃が始まったと見るや、すべての資産を引き揚げるべきだ。できれば金《きん》に変えておくとなおよしだ。

先ほど触れた「超限戦」については、『超限戦――21世紀の「新しい戦争」』（喬良、王湘穂著　角川新書）という書籍に詳しい。**我が身と我が資産を守るには、こうした安全保障のリテラシー（知識や応用能力）を高めておくことも重要**である。

POINT

今、資金を投じておくべきはアメリカである。インターネットの普及で世界中の情報にリアルタイムで触れられる。投資も軽々と国境を越えられる。日本に閉じこもるな

冨山

日本を再興させるのはカネよりもイノベーション

今の時代、経済を真にドライブするのはイノベーションしかない。**イノベーションの源は、経済政策で上から降ってくるカネではない。**繰り返すが、イノベーションは「人」が生み出すのだ。

その一方で、落ち込んだ経済を復活させる定跡は、長らく金融緩和と財政出動だとされてきた。いずれも世の中のカネのめぐりをよくする方法として用いられてきた。だが、今ではほとんど効果を発揮しない。発揮したとしても効果は一過性だ。たとえば、大きなハコモノをつくれば経済を刺激することはできる。だが、それは単に経済を平準化するだけであり、成長力の押し上げにはつながらない。要は、金融緩和も財政出動も過去の遺物、昭和の発想なのだ。

この30年、日本の国民所得、賃金水準は先進国のなかで例外的に低落傾向にある。購買

主要国の平均賃金の変遷

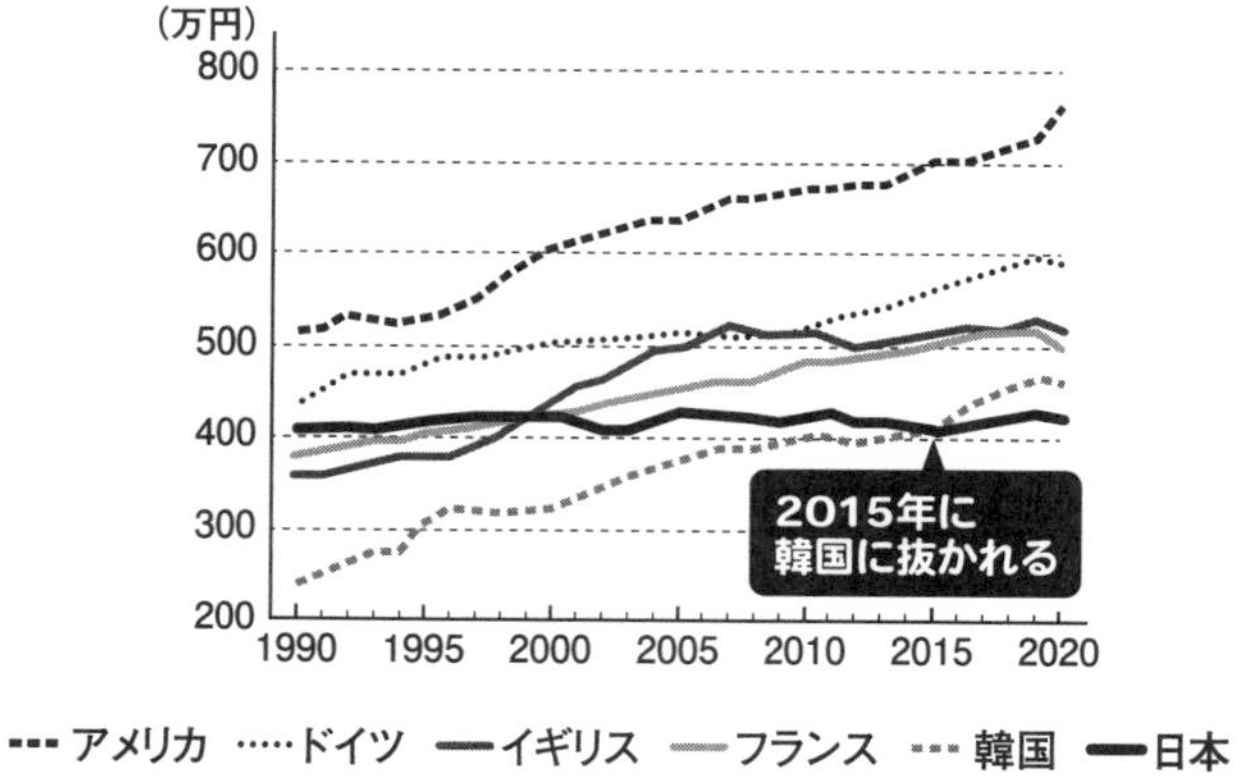

出典：OECD

力平価（注4）ベースでは韓国に抜かれた。かつての円高の時期にも、円ベースの実質賃金は増えていない。

　これほどの「所得の増えなさ」は異常である。

　経済政策論議では、「所得の再分配による格差是正」がよく云々《うんぬん》される。だが、**日本人全体の所得が増えていないなかでの「所得の再分配」とは、減りゆく所得を再分配しながら国民全員が等しく貧しくなっていくことを意味する。**向かう先は、いわば「老衰国家」だ。

　コロナ明けが見え始めた今、米国を筆頭にインフレの兆しが強まり、金融引き締めに向から流れが鮮明になってきた。おそらく先進国の通貨の金利は上がるだろう。だが、日本は政府の財政事情として金利を上げられず、円安が加速するリスクがあり、そうなると日本人は自分たちが貧しくなっていることを円安によるコストプッシュインフレという形で実感することになる。

前にも述べたように、もともと日本はカイシャ社会主義的な国で、企業内で所得の再分配を盛んにやってきた。突出した金持ちが出てくることも「出る杭は打つ」で防いできた。だから、一部の企業や富裕層に富が集中する米国のようなことは起きないですむ一方で、経済全体が時代に取り残されて稼ぐ力を失い、少子高齢化にも押し流されながら老衰している。ついには経済先進国から後進国に後退する淵まで追い詰められているのだ。

そのしわ寄せは、企業内共助で救われない人々、非正規雇用、フリーター、シングルマザー世帯、そして若い世代における相対的貧困率の上昇という形で顕在化している。

「経済政策」や「産業政策」への期待し過ぎは禁物

ならば日本経済の持続的再生の芽は、どこにあるか。

今の日本の焦眉の課題は、人材の育成と投資喚起によってイノベーションが起こるような「社会的」土壌を整えることなのである。短期的な政策ではなく、まずは社会のありようを整えることが重要だ。

分配によって所得を平らにならすのではなく、イノベーションを所得増につなげる。具体的には、知（人材）のイノベーション力の向上↓そこへカネの投資が起こる↓ビジネスの付加価値生産性の向上↓政策による労働分配率の向上↓所得増加という順序で進めるべきだ。この循環を、サイバー空間だけでなく、リアルな産業群、エッセンシャルワーカーががんばっているローカルな経済圏で実現する、前に述べた「デジタルフォーディズム」。これが先進国において、持続的かつ広範な所得増加を実現する方法である。

逆順では無理だ。**あくまでもイノベーション始点の付加価値生産性向上ができた上で、政策介入で労働の分配率を向上させるという順序で進めなくてはいけない。**

始点において政策誘導をするとしたら、時間はかかるだろうが、教育と研究の大改革であろう。「才能を取りこぼさない」フリーな教育機会を保証し、国内だけではなく世界の創造的な知を呼び込む方向で改革を行なう。そこに、終点における労働分配率の向上の政策誘導を連動させればいい。

裏返せば、これ以外に、あまり大きな期待を伝統的な「経済政策」や「産業政策」に対してもたないほうがいい。イノベーションは、予測ができないからイノベーションなのだ。政策的に成長戦略シナリオを描いても、計画通りには進まないのである。政治家や官僚が優秀か否かに関係なく、そういう時代なのだ。

POINT

時間はかかっても、イノベーションのできる社会へと順序を踏んで進んでいこう。国全体の所得が減っている現状では、所得の再分配は「国家の老衰」につながる。それを止めるのは政府ではなく、企業自身、国民自身の意志と行動である

成毛

日本はなぜイノベーション強国から転落したのか

日本経済再生の鍵がイノベーションにあるのは、疑いようもない。

では、いかにイノベーションを後押しするべきか。そのために誰がどのように立ち回るべきか。冨山さんから非常に示唆に富む指摘があったが、ここで日本企業とイノベーションの親和性を少し考えてみたい。

そもそも日本には、イノベーションを生み出す土壌があるのだろうか。

答えはイエスである。ソニー、ホンダ、任天堂、京セラ、キーエンス……日本ビジネス史に輝くスタートアップを見れば、独創的な発想を商品やサービスに結び付け、所得を生み出す力があったことは明白だ。イノベーションを生み育てる土壌は、確かにある。かつてはイノベーション強者だったといえるのだ。

ちなみに、ここでいうスタートアップとは、「まったく新しい業態でグローバルに事業を展開している上場企業」とする。この定義において、日本には優秀なスタートアップが数多く存在すると言いたいのである。六本木あたりで夜な夜なワーワーやっているような単に金儲けがうまいだけの若い起業家連中とは違うのだ。

冨山さんと私のスタンスは「古き悪しき昭和的なるものを破壊せよ」だが、戦後、多くの優秀なスタートアップを輩出した点は素直に評価している。

問題は昭和そのものにあるのではなく、令和になっても昭和マインドを引きずっているオジイサンたちにあるのだ。時代は移り変わるのだから、昔の成功体験が今も通用するとは限らない。社会も人も変わるなかで、昔の成功体験は通用しなくなると考えるほうが正しいだろう。

昭和の名だたるスタートアップがグローバル展開できた理由の1つに、当時は日本の総合商社が強かったことが挙げられる。海外への「大型売り込み部隊」として前面に立ち、日本製品を売り込んでくれた。

商社マンというと手堅くスマートなイメージがあるかもしれないが、実はそうでもないのだ。かつては冒険心溢れるアントレプレナー的な人が多かった。今だったら、きっと自分で起業していただろう。

また、日本の総合商社は投資銀行のような機能も果たしていた。海外または国内の商品や素材に資金を投じ、上流から下流への流れをつくって消費者へと落とし込む。言うなれば、ゴールドマン・サックスやモルガン・スタンレーと同じ役割をこなしていた。

そんな「日本型投資銀行＝総合商社」の支えもあって、日本のスタートアップたちは世界的に有名になったのである。

日本はアメリカにかなわずともヨーロッパをしのぐ

だが、今の総合商社は、こうした機能をほとんど果たしていない。スケールがずいぶんと矮小《わいしょう》化した。単にものを右から左へと流し、その手数料で食う口銭ビジネスみたいになってしまっている。

なにしろ、伊藤忠がユーグレナ（注5）を支援することになったという話が大ニュースになるくらいだ。だからといって、伊藤忠がユーグレナの海外への売り込み攻勢を大々的にかけているともいえない。有望なスタートアップがあっても、それをグローバル規模にもっていくときに、こういう弱さが出てしまう。

このように、日本がイノベーション弱者になっている一因には、勝ちパターンを支えた日本の総合商社の著しい機能低下、機能不全も挙げられるのだ。

言っておくが、これは「昭和の総合商社の栄華よ、もう一度！」という話ではない。時代が変われば社会も人も変わり、そしてツールも変わる。インターネットで軽々と国境を超えられる時代に、インターネットの片鱗すらなかった時代のやり方が通用するはずもない。

つまりは冨山さんの言うCXに、各企業は即刻、着手すべしということだ。

それ以前に、日本人にとって意外と大きな壁なのは英語力かもしれない。世界中から才能とカネを集め、そこで生まれた付加価値を輸出するには英語力が基本となる。にもかかわらず、日本人の多くが未だに英語を自在に操れないのは問題だ。

とはいえ、暗い話ばかりではない。GAFAMを凌駕《りょうが》する日本企業はないかもしれないが、少なくとも日本にはユニクロ（ファーストリテイリング）もあればソフトバンクもある。こうした企業がヨーロッパにあるか。まるでハゲ山のごとく何もない。そう言っても差し支えないだろう。

ヨーロッパで時価総額トップ20の企業には、銀行、製薬会社、ファッション企業、食品会社など、みごとに伝統的な独占企業が並んでいる。ヨーロッパの大半は経済規模の小さな国だから、どうしても業種ごとに一社独占的になるのだ。四国くらいの地域に独占的な企業が産業ごとに1つ存在するようなイメージだ。

その点、日本には先に挙げたような企業があるし、時価総額トップ20には戦後に創業された企業も多い。

アメリカにはかなわずとも、ヨーロッパよりはだいぶマシといえるのだ。今後のやり方によっては、気骨のあるスタートアップがいくつも生まれ、世界で活躍していくことが可能だろう。

POINT

日本人とイノベーションの親和性の高さに注目しよう。かつてのソニー、ホンダ、現代のソフトバンクなどを思い起こそう。時価総額の上位にいるのも戦後創業の企業だ

冨山

イノベーションは「パクリの掛け算」でいい

「お金がない。人がいない。中小企業はどうすればいいのだ」

イノベーションを進めよと言うと、決まって聞こえてくる声の１つだ。だが、こう言う人は、「イノベーション＝自前で開発したもの」という思い込みの罠にはまっているのではないか。

自前でやるなら、経営者の器《うつわ》や眼力、資金力が非常に重要になる。たとえば大学と一緒に何かを開発しようとなったら、成果を得るために必要な人材、能力、設備、そして資金を的確に判断しなくてはいけない。

だが、極端にいえば、こうした**眼力や資金力はイノベーションの必須条件ではない。イノベーションは自前でなくてもいい**のである。

自前で優秀な人材を使ってＡＩを開発、導入するとなると、人件費がかさんでしまう。

そんなコスパの悪いことをしなくても、今は、世界中の頭のいい人たちがさまざまなサービスを競うように開発し、クラウドに上げてくれている。そういうオープンソースを使わせてもらえばいい。つまり、ユーザーになればいいのだ。

そうすればAI人材を大量採用しなくてすむ。中小企業はもちろん大企業でも、ほとんどの場合がそうだ。システムの知識が豊富で、どういうシステムが一番いいかという目利きができ、使いこなせる人が一人いれば十分だ。それもフルタイムの正社員でなく、外部アドバイザーで構わない。

イノベーションとはオープンな借り物競争である

そもそもインベンション（発明）とイノベーションは意味が違う。**イノベーションというのは新たな結合によって社会やビジネスを大きく変えるような新しいやり方を創出すること**を意味している。自前で何かを発明することがイノベーションにつながることはもちろんあるが、それは何かと何かを結合させる1つの要素にすぎない。

大事なのは、誰も解決できていない問題を何とかしたいとか、何かすごく素敵なことなのでお金を払ってでも実現したいとか、そんな思いを実現するためにいくつかの要素、それは新しいものでも古いものでもいいからくっつけてみることだ。この際、その要素は全部、他人からの借り物でもＯＫ。誰もやっていない組み合わせを実現することのほうが大事なのだ。

最近、オープンイノベーションという言葉が流行りだが、イノベーションとは本質的にオープンなものなのである。

流れ作業による大量生産革命を起こしたフォード生産システムは、20世紀の世界を変えた大イノベーションだが、これは牛がパーツ・パーツの肉へ解体される食肉工場の流れ作業にヒントを得て、このプロセスを逆転させて、自動車の部品を組み立てる流れ作業にしたものだそうだ。牛の解体作業と自動車生産、いずれも**既存の要素を組み合わせた新結合が世界を変えるイノベーションになった**のである。

日本の電機業界で、かつてソニーといえばイノベーションの会社、松下電器（現パナソニック）といえばマネシタ電器と揶揄《やゆ》されてイノベーションとは縁遠い会社、というイメージがあった。イノベーションとインベンションを同義で捉えるなら確かにそうだったかもしれない。電池式の小型トランジスタラジオ、トリニトロンテレビ、ウォークマンなど、ソニーが初めて世に出した新製品は少なくない。

しかし、ソニーが自前で発明した新製品のアイデアを、持ち前の大量生産技術と水道哲学の大量販売力に結合させて、庶民の手が届く安くていいものとして供給し、豊かな電化生活を幅広く実現した「マネシタ」路線も立派なイノベーションなのである。

私たちが東北を中心に経営しているバス会社グループ（注6）では、世界トップレベルのダイナミックルーティング（注7）のシステムを使っている。

もちろん自前で開発したのではなく、使える人を雇って現地に派遣しているだけだ。使えるといっても、彼ら自身がＰｙｔｈｏｎ《パイソン》（高水準汎用プログラミング言語）でシステムを組んだりできるわけではない。ただ、誰かが開発した最先端ＡＩ技術によるシステムを使える能力があるだけで十分なのだ。

大きい会社よりも小さい会社、古い会社よりも新しい会社が有利

あらゆる意味でオープンソースが豊かになっている今は、「自前でどんないいものをつ

くるか」よりも、「よその誰かがつくったものをいかに組み合わせて、他社よりも優れた商品、サービス、ビジネスモデルを生み出すか」という**「オープン・アーキテクチャー思考」が、ますますもってイノベーション力の源泉、企業の付加価値の源泉**となる。

すでに世の中にあるものを安く手に入れ、掛け算して活用する。端的に言えば、これが今どきのイノベーションの真髄だ。クラウド空間から、UI（ユーザーインターフェース）、UX（ユーザーエクスペリエンス）が抜群の、安くて新しいサービスや製品がどんどん出てくる現代は、「マネシタ電器」もびっくりのパクリの掛け算こそがイノベーションの王道であり、そこに企業規模の大小による有利不利はあまりない。

勝負は世の中の森羅万象に好奇心をもち、感度を上げて新ネタの探索を続け、いいものを見つけたらアジャイル（素早い、頭の回転が速い）に行動する組織能力、人数よりも個々人の才覚のほうなのだ。

好奇心、感度、スピードといえば、当然、若い人材のほうが旺盛だし、若い人の多い新しい会社のほうが有利である。

また、自前の開発要員とか情シス要員とかをたくさん抱えていない中小企業のほうが、自由に外部資源に目を向け、少数精鋭でオープンソース、オープンイノベーションを進めやすい場合が多い。

世界では、こんなことはとっくの昔から当たり前の話である。日本でも、サイバー空間で育った若い人たちは、たいていのことはクラウド上で解決できるとわかっているはずだ。にもかかわらず、多くの企業でこうした発想が働かない。それこそイノベーションを本気で考えていない証しではないかと思えてしまう。挙げ句の果てに、「これからはＤＸが重要だ」などと、当たり前のゴタクしか並べない「ＩＴコンサル」に億単位のカネを払ったりするのだから、バカとしか言いようがない。

「100メートル25秒の走力」でも競争に勝てる場所はたくさんある

日本には、イノベーションが遅れている地域や産業が多い。

これは、あたかも100メートルを30秒で走っているようなものだ。ＧＡＦＡＭと勝負しようと思ったら、あるいは東京のグローバル競争型ビジネスで最先端を目指そうと思ったら、100メートル９秒台を目指さなくては太刀打ちできない。

しかし、みんなが30秒で走っているところならば、少し努力して25秒で走れるようになれば余裕で勝てる。実はそういう産業や地域が日本にはたくさんある。

そこでは、**「イノベーションを起こせる部分はないか」とちょっと本気で考えるだけで、勝てる企業になる可能性が一気に高くなる。**その部分で業務の「分ける化」「見える化」をして無駄を省き、生産性を上げるだけでいいのだから。

あらゆる産業、あらゆる業種で、こうしたイノベーションの発想をしてもらいたい。そうやって労働生産性を向上させ、賃金を上げていくべきだ。

さもなければ、少子化で労働人口はどんどん減り、外国人労働者は賃金の安い日本に見向きもしなくなり、「そして誰もいなくなった」状態になってしまう。本当に老衰国家となってしまうのだ。

POINT

イノベーションを自前でやろうと考えなくていい。すでにあるクラウドサービスをユーザーとして活用すればいいのだ。特別な人材、眼力、資金力などは必要ない

成毛

「東京が最先端」は都市伝説。光明は地方企業にある

クラウドサービスなど使えるものはどんどん使え。そんな冨山さんの話を受けて、なるほど、「身軽さ」「フットワークの軽さ」というのも、これからの企業の生き残り条件であると思った。

実際、地方からのダイレクトアクセスで世界とビジネスをしている日本企業は少なくない。グローバル化とデジタル革命によって、地域と地域、国と国という物理的距離の障壁がほぼ消滅し、フットワークが軽くなっている。

私が注目している企業も、大半は太平洋ベルト地帯に沿うような形で、地方にある。

代表例の1つが、静岡県浜松市にある浜松ホトニクスだ。「この会社がなくては物理学の研究が成立しない」といわれるほどの存在になっている素材メーカーである。

同社の技術が、ノーベル物理学賞を受賞した理論物理学者、ピーター・ヒッグスの予測

した「ヒッグス粒子（注8）」の発見に寄与したことはよく知られている。今も新粒子発見の研究に貢献していて、宇宙生誕の謎を解くためには同社の技術が欠かせない。

実は、浜松ホトニクスは海水の重水素からクリーンエネルギーを生み出す「レーザー核融合（注9）」の研究も行なっている。この技術が確立・実用化されたら、人類の共通課題といえる温室効果ガス問題を一気に解決できる可能性が高く、浜松ホトニクスには世界から視線が注がれているのだ。

他にも、たとえば長野県なら、アメリカのボーイング社との直接取引で制御装置用機器を製造する多摩川精機（飯田市）や、高度なセンサー技術と電磁弁制御を組み合わせた自動水栓を製造するバイタル（佐久市）がある。

日本の地方には、こうした「実はグローバルに活躍している超優秀な中小企業」がたくさんある。「東京が一番進んでいる」というのは、今や一種の都市伝説にすぎなくなっているのだ。大阪にも同じことがいえる。産業は、むしろ地方のほうが熱いといってもいいくらいなのだ。

今どきわざわざ東京に進出せずとも、地方から一気にグローバルにつながるほうが身軽であり、手っ取り早い。

京都から動こうとしない京セラや村田製作所、島津製作所の海外取引の割合は、すでに5割から9割にも上っている。東京はおろか、もう日本すら相手にしていないのだ。

下手に東京に出て大企業のサラリーマンとつき合おうものなら、延々と無駄な時間を過ごすことになるだろう。製品ひとつ売り込むために、何度もプレゼンさせられた挙げ句、「決裁に時間がかかる」「懸念点を検討する」などと結論を先延ばしにされ、その間を接待でつながなければならない。

なぜか。東京には大企業が集まっており、そういう大所帯は変革の瞬発力が鈍くなっているからだ。価値観が昭和のままで止まっている。

地方の企業に今後ますます必要になるのは、「最先端の東京へ進出する」という危険思想を捨てることだ。保身しかない昭和オジイサンの巣窟である一部の大企業を、フットワークよく華麗にスルーすることである。

POINT

地方の優良企業は大都市の大企業をスルーしていい。インターネットによって地方からダイレクトに、身軽に世界にアクセスしよう。「東京進出」は今や危険思想なのだ

冨山

元気な「ほんまもんのベンチャー」こそ、日本の未来だ

デジタル革命によって、産業のあり方は大きく様変わりしつつある。大企業を頂点に下請け・孫請けが連なるピラミッド型から、さまざまな機能や要素が積み重なるレイヤー型への変容だ。**大企業を頂点にピラミッド型の「おむすび」がたくさん並んでいた構造が、平べったい階層が幾重にも重なる「ミルフィーユ」型へと移り変わる**、そんなイメージである。

この「ミルフィーユ化」という言葉は、前経産省商務情報政策局長・西山圭太氏と私の共著『DX の思考法　日本経済復活への最強戦略』（文藝春秋）に登場する言葉だ。幾重もの階層のどれがおいしいのかは、個々の産業、個々の企業によって異なる。一番上の層がおいしい場合もあれば、間に挟まっている苺《いちご》がおいしい場合もある。一番下のベース層がカリッとしてもっともおいしいかもしれない。そういう意味でも絶妙な比喩なので、私個人も使わせていただいている次第だ。

こうした産業変容は、「地上戦」が急に「空中戦」になったのと同じくらいに劇的・革命的だ。

デジタル革命によって、産業領域の上部に「サイバー空間」という付加価値階層が生まれた。経済活動からコミュニケーション、文化活動に至る幅広い人間活動が展開される空中空間である。そういう新しい生活空間がまたたく間に形成されたばかりか、むしろ、この空間のほうがリアルな存在にさえなりつつある。

サイバー空間がすっかり上空を覆うと、どんなことが起こるか。サイバー空間で「空中戦力」を駆使する企業によって、サイバー空間の下にいる事業や産業が壊滅的に破壊されるか、もしくは低収益の下請け的な位置づけにされてしまう。淘汰されたり、傘下に収められたりするわけである。

そういう動きは、まずコンピュータという産業領域で起こった。

ＩＢＭに代表される巨大コンピューターメーカーが、以前は下請けの階層にいたソフトウェア会社のマイクロソフトや、マイクロプロセッサーメーカーのインテルなどに圧倒されていったのである。これが、本格的なデジタル革命の始まりだった。

その後、インターネットとモバイルの時代の到来とともに、サイバー空間はいよいよ実体化・巨大化した。

世界を席巻していた日本のものづくりが破壊的打撃を受けたのは、このころのことである。自動車産業は旧来のモデルのなかで蓄積されたハードウェアが重要なため、今なお勝負できている。だが、音響機器やテレビなどのクロモノ家電（注10）は壊滅的になった。

衰えたのはものづくり力ではなく「生産・販売モデル」

これまで見てきたように、戦後復興から高度成長期、さらにはバブル経済期にかけて、「ジャパン・アズ・ナンバーワン」へと駆け上がった日本経済・日本企業の勝ちパターンは、低コストで高品質のアナログハードウェアの大量生産と大量販売だった。

それを支えたのは、同質的で固定的な大組織による「改良・改善力」、いわば陸軍的な能力である。さらに金融面では銀行や証券が、貿易面では総合商社が支えた。海軍力で陸軍を支援するような構図だ。日本はそういう集団的オペレーション、言い換えれば「地上戦的な総合力」で世界と戦ってきたのだ。

誤解してほしくないのだが、私は日本の製造業の存在を否定しているのではない。「ものづくり」の機能は時代遅れにならない。だが、コスト勝負の大量生産・大量販売モデルを国内生産中心の加工貿易モデルでやるのは、時代遅れだと言いたいのである。

今のところ地上戦が中心の自動車産業も、今後どうなるかわからない。550万人もの良質な雇用を守るには、時代遅れのビジネスモデルではない業界再構築が必要であり、そのためには空中戦力も自在に使いこなせる組織能力をもった産業、企業に大きく変容する必要がある。日本が長らく優位性を保ってきた競争モデルの少なからざる部分が、GAFAMに代表される空中戦の名手たちによって完全に破壊されたのだから。

電機産業に限らず、**多くの産業で、産業のカタチ、企業のカタチの大変容、大改造、すなわちインダストリアル・トランスフォーメーション（IX）、コーポレート・トランスフォーメーション（CX）が求められている**のだ。

スポーツにたとえれば、100年間、野球だけやっていればよかったところに、急にサッカーなる新スポーツを得意とする集団が現れ、そっちに顧客がどんどん流れていってしまい、自分たちもサッカーで戦わなくてはいけなくなったようなものだ。

そこでホームラン王や花形ピッチャーにサッカーを練習させ、急ごしらえでチームをつくったのだが、試合の舞台はヨーロッパの強豪クラブチームがしのぎを削る欧州チャンピオンズリーグだった、というわけである。

野球ではベンチのサイン通りに動こうとしてきたのに、サッカーではフィールドを走りながら瞬時に判断しなければならない。互角に戦えなくても仕方がないのだ。

成毛さんが指摘されてきた英語力の問題も、もちろん大きい。

カナダ生まれだった私の父は、戦中世代としては珍しく英語が話せた。よく「今から30年、40年経ったら英語が必須になる。日本人はもっと英語を話せるようになるだろう。お前もしっかり話せるようになっておけよ」と言われたものだ。

ところが、実際に30年、40年経ってみたら、日本人は未だに英語に苦労している。もしかしたら以前よりも英語力が低いくらいかもしれない。

もとより日本の英語教育は「話せる」ようになるものではないし、近年は海外留学する若者も減っている。外資系企業に就職しても、日本のオフィスではほとんど英語を話さない。海外支店に赴任しても、大半の顧客は日本人だから英語を話さなくてすむ。

しかし、**未来の希望がないわけではない。それは本気の気鋭ベンチャーの存在だ。**

ベンチャーには「とりあえずベンチャーでも」みたいな生半可な輩《やから》も多い。そのために母数が大きくなって、全体における本気ベンチャーの割合が低くなっている嫌いはあるが、ソニーの盛田昭夫氏、ホンダの本田宗一郎氏にも通底する「跳ねっ返り者によるほんまもんのベンチャー」も少なくないのだ。

たとえば、前にも例に挙げた東大松尾研究室を中心としたベンチャーコミュニティでは、社内公用語を英語とし、コロナ禍にあっても積極的に海外から人を採用するなど、実にフットワーク軽くグローバル展開をしている。さも当たり前のように空中戦で戦える、彼らのような本気の気鋭ベンチャーに期待したい。

POINT

サイバー空間の空中戦で世界と互角に渡り合える本気のベンチャーに注目しよう。旧来の地上戦モデルでは、たとえものづくり力が優位でも、やがて淘汰、従属させられる

成毛

日本人富裕層向けの観光施設をつくれ

日本のすべての産業について再生の詳細を語り尽くすのは無理なので、最近思うところがある観光業について、1つの切り口を示してみよう。

私が仕事場を置いている熱海では、現時点（2021年10月）で着工中のホテル・旅館が17軒もある。

「コロナ禍でインバウンド需要が消滅しているなかで、なぜ？」と思うかもしれない。だが、地元で聞くところによると、熱海の大半の観光業者は、実はもともとインバウンドをアテにしていないのだそうだ。そういえば確かに、コロナ禍の前から、街を歩いていても、ほとんど外国人観光客を見かけたことがない。

パンデミックの収束に伴ってインバウンドが以前の水準に戻るかどうかは、熱海にはあまり関係ないのである。それよりも、「インバウンドなしの観光復興」がやってくることを見越して、着工ラッシュになっているというわけだろう。

そこで鍵となるのは、日本人富裕層向けの観光業だと思う。

欧米には、ユースホステル並みの低価格の宿泊施設もあれば、3泊4日で120万円といった、とんでもない価格の部屋を設けている超高級ホテルもある。懐具合や目的によって使い分けられるようになっているのだ。

ところが、**日本では後者の類《たぐい》の高級施設が圧倒的に不足している**のである。


私は年に1度、妻と一緒に東北地方を旅行している。東日本大震災後に、少しでも復興支援になればと思って始めた恒例の旅行だ。目的地は特に定めず、車を適当に走らせながら、うまそうな飲食店があれば入ってみる、よさそうな工芸品店があれば立ち寄ってみる、そんな自由気ままな旅行である。

宿泊は、その地で一番高い旅館と決めている。それが、最高でも1泊1人5万円くらいなのだ。安くはないが高級でもない中途半端な設定だと思う。1泊40万円だったら、というのはさすがに酔狂だろうが、1泊10万円くらいだったら迷わず泊まるのに……と、旅行するたびに思う。

しかも、これが北海道に行くと大抵せいぜい2万円なのだ。東北のほうがまだマシというのが日本の現状である。

高級施設がないわけではない。瀬戸内をめぐるクルーズ客船「ガンツウ」は、コロナ禍以前、7泊ほどの旅程で一人約28万円から200万円だった。つまり1泊あたり約7万円から30万円だが、2年先くらいまで予約が埋まっていたという。

日本は海に囲まれているのだから、ガンツウのような業態が日本中にあれば、観光業の風景はずいぶん変わるに違いない。

日本には、とんでもないレベルの金持ちはそれほどいないが、そこそこの金持ちなら相当数いる。 1泊10万円ほどで、5万円レベルよりも格段に部屋よし、お湯よし、サービスよしの旅館があったら、ぜひ泊まってみたいと思う層だ。

この層にもっと狙いを定めるようにするだけで、インバウンド頼みではない観光地復興は、割と簡単に叶うだろう。

イノベーションとは、今まで世界に存在しなかった技術などを開発することだけを指すのではない。このように新たな発想、着眼点でサービスを生み出すことだって、イノベーションの1つなのだ。

POINT

ホテル業は1泊10万円単位の「高級路線」にシフトせよ。インバウンド需要の低下は大した危機ではない。日本国内に相当数存在する「そこそこ富裕層」こそターゲットだ

冨山

「思い切り高い価格帯」に勝機がある

成毛さんが指摘した観光業再生の切り口に、少しばかり補足をしてみたい。

インバウンドについては、日本全体でも、もともと経済効果はそれほど大きくなかったと思う。私がバス会社を経営している東北地方だって、以前からインバウンドの「イ」の字もない。

インバウンドが多い地域にしても、実際に落とされるカネは大したことはない。中国人観光客が大型ツアーで大挙してやってきて、ガイドの案内で中国人が経営する土産物店で爆買い、というのがパターン化しているからだ。つまり、日本で消費行動をしていても、本当の意味で日本のＧＤＰにはなっていなかったのである。

単価の安い外国人旅行者がいくらたくさんやってきても、サービスを提供する側の付加価値生産性は低いままなので、観光産業は低賃金長時間労働産業になってしまう。少子高齢化で生産労働人口比率が下がり、構造的な人手不足になっている。そんな労働者を増やす意味はない。

コロナ禍でインバウンドが一休みになっている今こそ、このモデルを転換する大きなチャンスである。

日本の魅力的な観光コンテンツにも目を向ける

そこで観光業（ホテル業）には、2つ選択肢がある。

1つは宿泊客が自炊する低価格のレジデンス型。なるべく人手をかけずに施設利用分のお金を払ってもらう。

もう1つは、至れり尽くせりのサービスと施設で多額のお金を払ってもらう。要は成毛さんが言われたような富裕層向けの高級ホテルだ。東京、京都、三重で展開している高級ホテルグループ、アマンリゾーツがいい例である。

今の日本で問題なのは、この中間のホテル・旅館が多いことだ。星にして2つから3つくらい。そのために、「そこそこ手をかけている割に実入りは少ない」というジレンマに陥っている。

低価格なら、すでにビジネスホテルが「いい食事も温泉もいらない、ただ泊まれればいい」という観光客の受け皿になっている。だが、このモデルはどうしても低賃金労働力依存型になり、これ以上増えることに大きな意味はない。

むしろ中価格帯ゾーンについては、ちゃんとしたレジデンス、長期滞在タイプの素敵な施設をもっと増やすべきだ。北欧などきわめて人件費の高い国の田舎には、素晴らしい施設でリーズナブルな価格のレジデンスがある。働いている人の数が少ない分、中途半端なホテルよりも安かったりする。人件費をかけず立地と設備で勝負するモデルだ。これはこれで労働生産性が高いモデルだ。

また、高価格帯ゾーンのフルサービスのホテルで、食事付き1人1泊最低でも10万円くらいの価格設定で勝負するところが増えると、自然と筋のいいインバウンドしか来なくなる。世界という単位で考えると、この程度の金額を払える金持ちならたくさんいるから、日本の観光産業としては相当のインパクトをもちうるし、こうした顧客たちが日本の観光地のブランド価値を上げてくれる。せっかくなら行儀のいい外国人に来てもらったほうが、提供する側としても安心だ。

そもそもアジアのなか、いや世界のなかで、自然面、文化面で日本ほど素晴らしいコンテンツをもっている観光国は他にない。単に観るだけでなく、スポーツやアウトドア系の体験型、アクティビティ型コンテンツもたくさんある。だから安売りまでしてたくさんのお客さんに来てもらう必要はない。雇用数的には、旅行業、観光業は今や自動車産業と並ぶこの国の基幹産業である。これが高付加価値生産性、高賃金の産業に転換できれば、そのインパクトは限りなく大きい。

POINT

ホテル業は思い切り安くするか、思い切り高くするかの二者択一をせよ。安いほうはビジネスホテルがあるから、思い切った高級路線のほうが穴場になる

成毛

海洋国家・日本の希望はやはり「海」だ

あらゆる産業にイノベーションが必要であることは、冨山さんがずばり指摘してくれたとおりだが、今の日本だと、どの業界の伸びしろが大きいだろうか。日本が海に囲まれた島国、つまり海洋国家である点に注目すると、また新たな視点が開ける気がする。

まずは水産業だ。

水産業は、未だに旧時代的な手法が幅をきかせている。世界で養殖マグロが主流になっている時代に、一本釣りという非効率が重宝されている業界なのだ。幼魚まで根こそぎ獲って海洋資源を食い荒らしているのは、実は日本の漁師だという話すらある。

その分、テクノロジーの導入で劇的に変化する可能性を秘めているのだ。

難点は、地元の漁師たちが代々牛耳っている漁業権（注11）である。漁業権の規制さえ取っ払えば、イノベーティブな新規参入者が日本の漁業を効率化し、もっとおもしろいものにしていってくれるだろう。

水産業では急速に高齢化が進んでいる。今後、日本の漁師は加速度的に減り、漁業権が半ば不可抗力的に有名無実化して、新規参入障壁が低くなると考えられるのだ。起業を考えている若い人にとっては、大きなチャンスがめぐってくることになる。

水産業の狙い目は、漁よりも養殖だ。

なぜか。理由の1つが「アニサキスアレルギー」である。

アニサキスといえば、「激しい胃痛になるが、内視鏡などでアニサキスを取り除けばウソのように治る」と思う人が多いだろう。だが、それは一過性の「アニサキス症」であり、アニサキスアレルギーとは違う。

アニサキスアレルギーは、アニサキスのもつアレルゲンに体が拒否反応を起こす。そうなると、事実上ほとんどの海産物を生涯、口にできなくなってしまうのだ。

アニサキスはクジラの糞に大量に含まれ、そこからさまざまな海洋生物に広がる。アニサキスは冷凍で感染性を失うし、加熱しても死滅する。また、魚の内臓に生息するため、捕獲後すぐに内臓処理をされた魚も比較的リスクが低い。

とはいえ、近年クジラが増えたことで、天然魚のアニサキス感染が激増していると見られる。そうなると、今後アニサキスアレルギーが広く知られるようになるにつれて天然魚が忌避され、清潔な環境で育てられた養殖魚の価値が高まる可能性が高い。

日本の入り組んだ海岸線は魚の養殖に向いている。近年は海外の養殖業の伸びにかなり押されがちだが、ここでイノベーションを起こせれば、一大産業に返り咲くはずだ。

近畿大学など、養殖技術に力を注いでいる研究機関もある。そういうところで高度な養殖技術を学んだ上で参入すれば、「魚の養殖で億万長者」も夢ではないかもしれない。

海のもう1つの可能性は発電だ。

日本は狭い。日本列島を全部足しても、オーストラリアで3番目に小さいニューサウスウェールズ州の半分にもならないほどだ。だから、太陽光発電や風力発電で電力を賄うことは難しい。

ここで出てくるのが、広大な海を活用するというアイデアだ。しかし、日本の大陸棚は小さ過ぎるため、洋上風力発電を増やすことは無理。近年話題の浮体式洋上風力発電も、浮きに風車を乗せて発電するような手法だから、ペイできるはずがない。

だとすると、残る可能性は潮流発電くらいのものだろう。海水の流れを用いた発電方法である。これも日本の海の可能性の1つだ。

さらに触れておきたいのは、日本の海はレジャーに適していることだ。たとえばプライベートボートでの離島めぐりなど、富裕層の格好の遊びになるだろう。

ただし、ここでも規制がネックになる。ヨーロッパに行けば、地中海など、プレジャーボートで航海し放題なのに対し、日本では許可なく伊豆大島にすら行けないのだ。行ったとしても停泊できる港がない。小笠原諸島など、夢のまた夢である。

規制は湖にも及ぶ。私は昔、山中湖にボートをもっていたが、対岸に停泊したら罰せられると聞いて残念に思ったものだ。このように、日本は規制によって、せっかくの豊かな観光資源を丸ごと活用しそこねている。もしプレジャーボートに対する規制がゆるかったら、日本中の富裕層がボート遊びによる消費に励むだろう。

POINT

手つかずの可能性に満ちた日本の海の活用を、日本経済再生の起爆剤の1つとせよ。規制をゆるめれば、沿岸養殖、クリーンエネルギー、レジャーなど好機が続々と生まれる

【注記】

1　互いに関連性のない異業種企業を次々と買収・合併することで巨大化した複合企業

2　社会における所得の不平等を測る指標。完全に平等な状態を0、たった一人が所得を独占している状態を1とし、0・5を超えると格差是正が必要とされる

3　工学者の松尾豊東京大学大学院教授が率いる研究室。人工知能を活用したベンチャーを次々と誕生させている

4　物やサービスの値段を基準にした為替レート。2国間の為替相場は両国の通貨の国内購買力の比率で決まるとする

5　バイオベンチャー。ミドリムシ（学名ユーグレナ）の研究開発、生産管理、商品の製造販売を行なう

6　みちのりホールディングス。東日本エリアで福島交通、茨城交通、関東自動車などを抱えるバス業界の一大勢力

7　利用者がアプリで乗降場所などを選択するとAIがルートやダイヤを計算し、効率的な配車運行をする

8　あらゆる物質の質量を生み出す機能をもつ粒子。「神の粒子」とも呼ばれる

9　高出力のレーザー照射による爆縮で超高密度プラズマを発生させ、核融合を起こさせる方法

10　娯楽に使われる家電製品（娯楽家電）の総称。家事の労力を減らす「白物家電」に対してでき

た語

11　漁具を定置する定置漁業権、養殖をする区画漁業権、採貝採藻などで漁場を共同利用する共同漁業権に大別される

第3章

これからの日本をどう生きるか

——もう、学歴に価値はない

成毛

学校は名前ではなく「中身」で選ぶ時代

本章では教育について、冨山さんと議論してみたい。「昭和な組織でうまくやれる人材の育成に最適化された教育」も、大きな改革が必要な分野だからだ。

すべての人にまず示しておきたいのは、今や学歴にはほとんど価値がない、ということだ。高学歴の人は、それが武器になる時代が終わっていることを、高学歴でない人は、もう学歴を気にする必要はなくなったことを、それぞれ肝に銘じてほしい。いずれにせよ、学歴とは別の文脈で人生を考えるべきだ。

学歴が無効化しつつあることに対して、個人的には「ようやくそうなってきたか」という感が強い。私自身が「受験勉強なんて拷問、勘弁してくれよ」というタイプの子どもだったからだ。

実際、受験で測れる「賢さ」などタカが知れている。むしろ受験では測れない賢さ、たとえば視野の広さや発想の自由さ、話す力などが実社会ではものをいう。そんなことは誰でも知っているはずだ。

惜しむらくは、そういう能力の評価方法が今のところ確立されていないことだ。ＩＱテストなどでも測れないだろう。そういう意味で、教育学というのは、もしかしたら、あらゆる学問のなかでもっとも進歩が遅い学問かもしれない。

もちろん、学歴主義は大企業を中心に、まだ残っている。しかし、社会全般の価値観はすでにだいぶ変容していると感じる。

だから、今まさに子育て中の人は、どうか子どもを古き悪しき学歴主義に染めないでほしいと思う。団塊の世代のオジイサンたちばかりでなく、今の40代、50代の親たちも実は保守的だ。おそらく「失われた20年」で培われた防御的な保守性だろう。

それは仕方ないにしても、**実は、日本の教育の大問題は「親」**だったりするのだ。

安定的な官公庁や大企業への就職を子どもに望みがちだし、自分が高学歴ともなれば、同じように高学歴を目指すことを求める。

しかし、タカがトンビを生むことも決して少なくない。受験学力的にトンビとして生まれた子に、自分のようなタカになれというのは酷ではないだろうか。

そもそも受験戦争は人生のサンクコスト（回収できない埋没費用）を積み上げるだけである。第1章で述べたように、それが保身に走る元凶になる可能性もあるのだ。だから、うかつに「東大を目指せ」とか「がんばって、より偏差値の高い大学に行け」といった安直な目標を押しつけないほうがいい。

今の子どもたちは実に素直だ。親の希望を聞いて「そうしよう」と納得したり、自分の道を諦めてしまったりという「親がかり」なタイプも多い。その素直さが人生の仇《あだ》となってしまわないように、親は子どもに配慮するべきだ。

進学校よりユニークな学校に価値がある

以前の学歴主義は、今は「職歴主義」になりつつあると感じる。最初に入った会社が、昔でいう「〇〇卒」に代替されつつあるのだ。就職先の選び方で本人の意思や能力が測られるようになってきていると思う。

たとえば戦略コンサルティング、外資系投資銀行、総合商社などに入ると、その就職歴が武器となって、以後の転職や起業が有利になる。あるいは、社員数十名程度の国内テクノロジースタートアップに就職しても、やはり転職や起業はラクになるだろう。「こいつはクリエイティブなチャレンジャーだ」と認定されるからだ。

実は、学校の選び方にも同じことがいえる。就職活動で、卒業校について「あることをどうしてもしたくて、その学校を選んだ」などと説明できれば、偏差値は関係なくなるかもしれない。

卒業校がN高（インターネットを活用した通信制高等学校＝注1）やAPU（立命館アジア太平洋大学＝注2）といった特色のある学校だったら、なおさら有利になるだろう。

たとえばN高に入るのと偏差値65の進学校に行くのと、どちらのメリットが大きいか。

高校受験をがんばって進学校に入ったとする。

しかし、「東大合格者50人」みたいな進学校の世界では、受験学力がよほど飛び抜けていないと、「普通よりは少し賢い程度の人」扱いされる可能性が大きい。そんな意識が刷り込まれてしまうと、就職してからも、大企業の子会社の社員といった「コマとして使いやすい人材」の候補生になってしまう恐れがある。

一方、N高校を卒業し、就職活動で「最初からN高しか志望していませんでした」とアピールしたら、どうか。採用側はそのユニークさに、「こいつは見どころがある」と感じるはずだ。「最初からAPUしか志望していませんでした」と言うのも同様である。

最近では、高学歴の親が子どもにN高を勧めるという現象も見られる。そういう親は、かなり確信的にN高のイメージを読んでいるのではないか。「周囲に流されず、自分の人生をちゃんと考えている」「課外授業などで社会を見てきた」といったイメージだ。

旧来的な学歴とはまったく違うシグナルとして、高校や大学の履歴を機能させる。それに合致する高校、大学が、すでにちらほら出始めているのだ。

とはいえ、いつものごとく、日本は匍匐《ほふく》前進でじりじりと変化する。その途中にオジイサンたちが地雷を埋めていないことを望むばかりだ。もう去るのみの昭和の老兵たちが、若者の自由な人生を妨害するのだけはやめてほしい。

POINT

偏差値の高さといった旧来の価値観で学校を選ぶな。はっきりした意志をもって、行きたい学校に行くことが、将来の就職にも有利に働くようになる

冨山

なぜ「東大卒」の価値は下がる一方なのか

成毛さんのおっしゃるとおり、学歴それ自体にはもう価値がない。日本最高峰とされる東大の価値も、下がる一方である。

その限界を一番わかっているのは、物知りを売りにした「東大王（注3）タレント」を指向するタイプの東大生ではないだろうか。

実は、昔から東大生の9割は本当に頭がいいわけではなく、せいぜいクイズ王になれるくらいの才能しかもち合わせていないのだ。そういう東大生を責めているわけでも、蔑むわけでもない。たとえばゴルフやテニスでも、世界のトッププロとして活躍できるのは、ほんの一握りだ。それと同じだと考えれば、無理もないのである。

人の才能はそれぞれなのだから、自分の適性に合ったところに行けばいい。「東大王」向きの東大生は、「クイズ王タレント業」で食っていくという生き延び方もあるのだ。

そもそもの問題は、言うまでもなく、昭和から続く一律的な学校教育だ。「東大生の9割」も、一律的な受験システムのなかでがんばって勝ち上がったにすぎない。

その昭和の教育は、明治時代から地続きになっている。明治期の日本は、すでに確立していた西洋の学問や技術を直輸入して「みんなで」身につけることに邁進《まいしん》した。「追いつけ追い越せ」の精神で欧米列強に肩を並べようとした。そういう国家的展望のもとでは、一律的な教育でよかったのだ。

明治期の日本のスローガンである「富国強兵」は昭和初期まで続き、戦後は「強兵」が外れて「富国」だけになった。そして日本は目覚ましい復興、高度経済成長、バブル経済と、経済的栄華を極めていく。

だが、これは欧米、特に戦後は米国から、大量生産・大量販売のノウハウを輸入した結果だ。つまり、すでに西洋で確立していたものを輸入して身につけた明治期のマインドやシステムと、本質的には何も変わっていないのである。

確立された「正解」があり、それにどれだけ早くアジャスト（適合）するか。明治から昭和にかけての日本は、マクロで見れば、この一点のみで勝負していたといっていい。

こうしたマインドとシステムは公教育にも通底し、学校では「すでにある正解」に早くたどり着く力ばかりが鍛えられた。それも一律的に行なわれるため、授業は学力の低い子に合わせて進められることになる。

トップを伸ばすのではなく、ボトムを上げる。この教育モデルは、国民全体のレベルを引き上げる段階の発展途上国ならまだしも、先進国では機能しない。

だが、日本は先進国の仲間入りをしてもなお、このモデルを引きずってしまった。「自分で考えて自分なりの答えを導く力」は置き去りにされたまま、「どれだけ知識を詰め込むか」で勝負する受験戦争システムが、すべての教育機関を包摂する形でき上がってしまったのだ。

「知識がある＝頭がいい」という固定観念から脱却せよ

イギリスの名門私立高校で教えている日本人教師が、イギリスでは「知識がある子＝頭のよい子」とは見なさないのだと、コラムに書いていた。

知識の豊かさも評価はされるのだ。校内では定期的にクイズ大会が開催され、優勝者は表彰される。しかし他にも数百に及ぶ表彰対象があり、クイズ大会での優勝は、演劇や奉仕活動、軍事活動など多くの分野の1つにすぎない。だから、「知識がある子＝頭のよい子」という価値判断はないのだ、と。

また、イギリスのエリート層は概して知識量が少なく、たとえばアメリカ独立やフランス革命の年号など知らなくて当然といった風情だという。一方で、今の世界情勢に大きな影響を与えた第一次、第二次世界大戦についてはめっぽう詳しかったりするというのだ。

そして知識が少ないはずなのに、彼らと議論をしていると、ギリシャ神話の一節やカエサルの名言、シェークスピアの決め台詞などが、説得力のあるメタファー（暗喩）として絶妙のタイミングで飛び出してくる。

なるほどと思った。**真の頭のよさとは、知識を使って考え、現在や未来に役立てることができる能力**である。そのために使えない知識をむやみに溜め込んでも、「よく知ってるね」程度の話。エリートに必須の「頭のよさ」とは見なされないのである。

その点、日本では、知識のある「物知り」がとかくもてはやされる。先述のとおり、長らく知識詰め込み型の教育が行なわれてきたからだ。

一方で、本当の意味で頭がいい１割の東大卒もいる。受験勉強などがんばらずとも普通に東大に合格し、「だから何？」というタイプである。学歴をひけらかさないし、学歴で勝負することもない。

ショパンコンクール２０２１で第３次予選、セミファイナルまで進出した角野隼斗《すみのはやと》さんなんかは、このタイプだろう。彼は開成高校時代からユーチューバーミュージシャン「かてぃん」として活躍し、リアルでも活発な音楽活動を展開する一方で、東大理系の花形である計数工学から情報理工の院へと進み、機械学習の音楽分野への応用研究で東大総長賞を取って修士課程を修了している。

昔からこのレベルの天才はいくらでもいたが、かつては世の中的にこのタイプはあまり受けがよくなく、昭和なカイシャ社会主義の時代には、その天才をフルに生かす場所に恵まれないことが多かった。

しかし時代は変わった。大学だって、単に受験学力が高い学生ではなく、そういう地頭のいい学生に来てほしいだろう。特にグローバル空間で知の最先端を競わなければならない立ち位置にいる東大などは、圧倒的にそう考える。

だから近年では東大も心得たもので、入試問題が自分の頭で考えなくては解けないものにどんどん進化している。数学は公式丸暗記では通用しない設問が多いし、現代文や世界史、日本史にも、1つのテーマについて自分の見解を述べさせる論述問題がたくさん入るようになった。

加えて、数学オリンピック金メダル級の高校生にはペーパーテスト免除の推薦合格枠も設けられている。

少子化が加速するなか、受験戦争そのものはゆるくなってきている。少子化には別枠で社会的に取り組む必要があるが、教育に限っていえば、受験生が減ることで無用な過当競争がなくなっているのは、いい傾向といえる。

伝統的な学歴が無効化すると、否が応でも地頭勝負の競争が重要になる。そしてグローバルな先端的テクノロジー競争やグローバルなビジネス競争では、「卓越した才能×卓越した意志力×卓越した努力」が競い合う、非常に厳しい世界が展開されている。

日本の目下《もっか》の問題の1つは、そういう厳しいグローバルクラスで戦える才能も意志もある若者の学びの場が、やや貧困なことだ。逆に合格歴がホワイトカラーサラリーマン向きではなく、むしろ現場現業向きの人たちの学びの場も少ない。学びの場が多様な適性を前提としていないのだ。そのために、子どもたちが自分の適性を探索しにくいことも大きな問題である。

受験戦争の緩和に伴って昭和型の学校教育が早く終焉《しゅうえん》し、こうした問題点が解消されていくことを願う。新しい学校モデルが多様な才能の芽を育み、多様な才能の探索の場となることにより、地頭勝負の世界でグローバルに活躍できる人材はもちろん、前に述べたエッセンシャルワーカーである人材も含めて、いろいろな才能がそれぞれに活躍の場を見出して光り輝く未来を期待するばかりだ。

POINT

学校を多様な才能の探索、生育の場に変えていくことが大事だ。知識量の競い合いに偏ってきた従来型教育と、昭和的企業への就職に最適化された受験戦争から早く脱却せよ

冨山

大学という属性ではなく、「個性」こそが人生を決める

かつて高学歴のエリートたちは、社会に出てからも同じ大学出身同士で連携し、協力し合ってきた。名門大学には、「学閥」という強固なギルドが存在した。名門大学に行くのは、社会に出てからも役立つ人脈づくりのためという側面も強かった。

もっとも強固だったのは東大法学部ギルドだ。それが圧倒的に機能していたのは法曹界ではなく、行政である。役所が、いわば東大法学部卒ギルドの元締めのような存在だった。そもそも明治以来のキャッチアップモデルにおいて、近代国家そのものをはじめとして、いろいろな制度をつくり運用する「官僚」を養成することが東大法学部のミッションだったので、ある意味、当然の結果である。

たとえば、ひと昔前まで、財務省のキャリア官僚といえば東大法学部卒と決まっていたものだ。その後東大経済学部が少し増えるが、日銀も似たり寄ったりである。その下に政府系金融機関、興長銀（注4）、都市銀行と続き、これらの金融機関もこれまたＭＯＦ《モフ》担

（注5）といわれる東大法学部卒ギルドが支配する構図だった。

しかし、今ではそうとは限らなくなっている。役所の没落とともに、東大法学部ギルドが完膚なきまでに崩壊したからだ。

これは、東大法学部卒の人々にとってなかなかに厳しい状況だ。

かつては東大法学部さえ卒業すれば、キャリア官僚というコースが見えた。「東大法学部卒」というラベルがあれば、実社会のなかの東大法学部ギルドにすんなりと入ることができたのだ。なのに、今やそこにあるギルドはかなりイケていないか、ギルド自体が存在しなくなっているか、である。

それが崩壊した今、グローバルクラスの才能も野心もある人は、世界で勝負することを選ぶかもしれない。これまで県大会や国体で勝負して満足していたのが、いきなり世界選手権に出場することになったようなものだ。

日本というローカルを飛び越していきなりグローバルで勝負するという道は、「東大法学部卒→財務省キャリア官僚」というレールがあったころには見えなかった。ギルドがもたらしてくれた安心と安定が失われた代わりに、人生の選択肢が多様になったのである。

ギルドの崩壊には、そんな意味も含まれている。いいことではないか。

崩壊した大学ギルドではなく、「どう生きてきたか」こそが重要

ギルドを基盤として生きるというモデルは、日本だけでなく、かつては世界中にあった。たとえばアメリカの法曹界は、今でもかなりハーバード大学ロースクールのギルドだ。アメリカのテレビドラマ「SUITS《スーツ》（注6）」を見たことがある人は、きっとピンとくるだろう。

しかし、そういうギルドは世界的に消滅しつつある。「○○出身者同士、なかよくやろう」という発想自体が、世界的に時代錯誤になったのである。

現にハーバード大学やスタンフォード大学の「MBAギルド」なんかは着々と崩壊している。私はスタンフォード大学でMBAを取ったが、いつの間にかギルド的なものは跡形もなくなっていた。まあ、破壊的イノベーションの時代、起業の時代になると、ギルドという閉鎖的でスタティック（静的）な仕組みはもたなくなったのだと思う。

私の周囲を見渡しても、はなからギルド的なつながりなんてアテにしていない人のほうが、自由で楽しそうに生きている。

成毛さんが後で生々しく話してくれるが、学歴にはシグナルとしての意味がある。人間の能力は外からは簡単に見えないので、人を採用したり、仕事のパートナーを決めたりするとき、ベンチャーに出資するときに、学歴というシグナルがものを言うのは当然である。だから学校に行くことが無意味だとは決して言わない。むしろ知識集約化の時代には、知力、本当の意味での頭のよさを鍛える上でも、それをシグナリングするという意味でも、学校という場所は大事になっている。

しかし、従来の日本の学歴のように、そこに入るための一律ペーパーテストの点数を取る能力をシグナリングしている「合格歴（ごうかくれき）」の意味は小さくなっていく。濁点の位置違いだが、今、求められているのは真の学習歴としての「高学歴（こうがくれき）」なのである。

大学のギルドが崩壊した以上、個人にとって一番大事になるのは、「どの大学に行ったか」「卒業してどの会社に入ったか」ではなく、「大学を出た後に誰とつき合うか」だ。

本当の意味で頭のいい人たち、おもしろい人たちとつき合えるか。優れた部分、熱くなっている分野が互いに異なり、高め合える人たちと絡める空間に身を置けるか。ここで人生のおもしろみや充実度が、決定的に左右されるといっていい。

大学などの属性ではなく、個性や敬意、興味によって結びついたコミュニティは、年齢を重ねるほど純度が高くなっていく。避けたい相手や疎ましい相手は最初から寄りつかなくなり、逆に、自分とどこか似たような好ましい若者たちが加わるようになってくる。

POINT

卒業後に誰とつき合うかで人生が決まることを忘れるな。同じ大学出身者同士のコミュニティは崩壊した。学歴を忘れ、純粋な個人として生きるほうが人生は充実するのだ

成毛

「トラステッド」なコミュニティに身を置け

大学のギルドが消滅し、出身大学ベースではなく、純粋に個人同士がつながる純度の高いコミュニティができる。この新しい「大学卒業後のコミュニティ」は、できれば20代で体験しておいたほうがいい。

大学卒業後の間もないころから本当に賢い人やおもしろい人とつき合っていてこそ、あとの人生をラクに、楽しく歩んでいけると言っていいのだ。

そのために重要な心得は、「井の中の蛙《かわず》」にならないことであろう。「上には上がいる」と肝に銘じ、実際にどんな「上」がいるのかを積極的に探ることだ。

冨山さんがおっしゃるように、大学を出てからのコミュニティの純度がどんどん高くなっていったら、20年後には「トラステッド」なコミュニティが増えている可能性がある。学歴や出身大学はおろか、職業や年齢、性別も超えた個人同士の信頼・信用、つまり「トラスト」でつながる世界が現れるということだ。

実際、冨山さんにしても、仕事が超絶忙しいであろうなかで、愉快な仲間とバンド活動を楽しんだりしている。

私自身も、学歴や職業などの属性はいっさい関係なく、純粋に自分が関心をもった人と積極的につき合うようにしている。おかげで、仲よくしている人は「ヘンな分子生物学者」から「ヘンな農家」「ヘンな元自衛官」……と、実におもしろい人生だ。

冨山さんや私の人づき合いの形は、ひょっとして、来るべきトラステッドな世界の1つのベータ版かもしれないと思う。

属性でつながる窮屈なコミュニティが少なくなり、属性がバラバラの個人が自由に結びつくコミュニティが増えていったら、いったいどんな社会が生まれていくのだろうか。少なくとも、今よりずっとおもしろい社会になるはずだ。

POINT

井の中の蛙にならず、積極的にいろんな人と関わっていこう。個人同士の信頼・信用で結びついた密度の高いコミュニティに属することで、人生は格段にラクに楽しくなる

成毛

大学はリベラルアーツの訓練場であれ

冨山さんの「大学ギルドが崩壊すると、いきなり世界選手権」という表現も、言い得て妙だ。**日本ばかりか世界的に大学ギルドが崩壊している時代潮流からは、東大生も逃れられない**というわけだ。

どのみち昭和の大学受験、大学教育がくだらない代物なのだから、大学ギルドの崩壊とともに、高等教育もゼロから叩き直したいものである。

およそ30年前、私がマイクロソフトジャパンの社長を務めていたころは、東大卒という「頭でっかちで使えない人材」の代名詞だった。その一方「ここの卒業生は全員採用」と決めていた大学がある。ICU（日本基督教大学）だ。

当時はICUのほうでも「マイクロソフトは履歴書さえもっていけば受かる」ともっぱらの噂になっていたらしい。それでも内定を辞退するICU卒業者が一定数いたが……。

それほどICUを重視したのはなぜか。

4年間ずっと「教養」を教える大学だからである。

教養といっても、総合大学の大教室で講義されるような「一般教養課程」とはまったく違う。いわゆるリベラルアーツのことを指している。ある課題に対して、さまざまな学問の知識を総動員して自分なりの答えを導き出す。そういう能力を育成する学問体系だ。

リベラルアーツは、もともとローマ時代末期に成立した。なぜ「リベラル＝自由」なのかというと、本来の理念が「奴隷としてではなく、主体的存在として自由に生きるために必要な素養を身につけること」にあるからだ。

成立当時は文法、修辞学、弁証法、算術、幾何学、天文学、音楽の7つが重視されていたが、当然、「必要な素養」は時代によって変化する。

現代なら、たとえばプログラミングがリベラルアーツの1つに加わるのではないか。ほとんどの理系研究室で必要不可欠だからである。医者だって2040年にコンピュータを使い倒せなかったら、外国製のAI医療機器に負けて失職する。

大切なのは必要な広い知識＝リベラルアーツ

ここで1つ提案だ。政府は全大学に対して、「2025年から理系学部の入試科目にプ

ログラミングを入れなければ、補助金をカットする」と宣言すればいい。

進学校である中学高校は大学入試だけを見ているから、現状ではプログラミングなど教えない。だが、すべての大学の理系学部の入試科目に入れれば、学習指導要領など関係なく、プログラミングを必死に教えるようになるだろう。結果的に、進学校ではない中学高校でも、あるいは大学の文系学部も、引きずられてＩＴ化が進むはずだ。

これが実現すれば、２０３０年ごろには中学高校教育全体に影響が出てくるだろう。その10年後には、大卒全員がプログラミングをできるようになっているわけだ。日本全体のＤＸも劇的に進むはずである。

プログラミングは、古文や漢文といった学問よりも、21世紀を生きるためにはるかに役立つ。もちろん古文や漢文が好きな人は、それを専門分野として極めていけばいいのだが、現代をよりよく生きる素養を培うという見地からは、プログラミングをリベラルアーツの１つに加えるのが得策であろう。

これからの大学は、リベラルアーツの訓練場であるべきだと思うのだ。

明治マインドを引きずっている昭和の大学教育では、物事を判断する際の一番基礎的な知識やスキルに欠けた学生が量産されるだけである。

冨山さんの言うとおり、明治期には西洋の学問や技術が輸入され、「富国強兵」に必要な人材を促成栽培するために高等教育が設計された。それを、なんとまあ150年以上も引きずっているわけだ。

だから大学で教える学問も形骸化してしまった。本当に身につけておかなくてはいけない知識の「基本のキ」すら知らない学生が量産される。

実際、リベラルアーツの欠如した現状では、プログラミングの基礎知識すらない大学卒が大勢いる。地学もわからなければ宇宙の仕組みもわからない、物理や化学の新たな成果が何を意味するのかも理解できないといった知的レベルの人が無数にいるのだ。コロナ禍で「mRNAワクチン」と聞いてもまったくピンとこないし、なぜ地震が起きるのかも知らない大学卒ばかりになってはお先真っ暗だ。

リベラルアーツ教育を強化しなくてはならないのである。

POINT

リベラルアーツ教育を強化せよ。リベラルアーツこそ、現代をよりよく生きるための素養を培う学問群である。いわゆる「一般教養課程」では、そういう素養を培えない

冨山

大学の機能を「グローバル人材養成」「ローカル職業訓練」に二分せよ

合格歴としての学歴が無効化し、大学ギルドが崩壊したこれからは、生き方の選択肢がますます多様化する。グローバルな激しい競争に飛び込む人。地域に根差して世の一隅を照らすエッセンシャルワーカーとして生きる人。**それぞれが充実した愉快な人生を送れるように手を差し伸べるのが、高等教育機関としての大学の役割**のはずである。

その役割を果たすためにあるべき大学の姿とは、いかなるものか。ほとんど成毛さんが示してくれたようなものだが、私も解像度の高い具体的提案をしてみたい。

日本の大学は「学術の中心として知識を授ける」という建前を変えよ

まず今どきの高等教育機関としての大学の使命は、学者の養成ではなく、さまざまな分野で広く活躍する人材を育成することにあることを明確にすべきである。

ところが、学校教育法における大学はあくまでも「学術の中心として知識を授ける」という学術教育の場である。すなわち一般の人に対して、世の中に出て役に立つような職業知識、技能を授けるところではない。医学部と獣医学部だけは例外的にプロフェッショナルスクールと定義されているが、それ以外の大学はすべてアカデミックスクールということなのだ。

大学で博士課程にまで進む人、さらには学者という職業に就く人間が今の大学生の何パーセントいるというのか。学部だけで人口の6割×4年間（約1500日）という膨大な人数×日数をそのために使うのは、いかにもナンセンスだ。**要は大学制度の建前では、ほとんどの国民にとって、日本の大学は高等「教育」機関ではない**のである。

以前から言っているのだが、まずはこの学校教育法を変えなくてはだめだ。「学術」をもっと広く「知」に、「知識」をより実践的に「知識や技能」へと変え、「知の中心として高度な学術知識や知的技能を授ける」と改正すべきである。

実は、霞が関の基本法のなかでは、この改正は政府のなかで関連する点が少ない。あくまでも外部の大学の位置づけを定義しているだけだから、改正は比較的簡単なはずだ。

加えて少子化が進み、学術主義の建前では学生が集まらなくなっている大学のほうで、学生の就職力、職業人としての基礎技能を鍛えることに力を入れるところが増え、学生の人気もそちらに向かう現象が起きている。実態が建前から離れつつあり、やる気のある大学にとっては、この建前が邪魔になってきている。

基本的な建前を変えることで、従来のアカデミズムの呪縛から出ようかどうか逡巡している多くの大学の背中を押すことにもなるだろう。

私も前に挙げた東大での活動以外に、金沢工業大学や東京理科大学など、実務教育に力を入れている大学で経営実務を教えてきたが、そこで「学術」の「知識」を授けるなんてことはこれっぽっちもやっていない。あくまでも世のため人のために役に立つ「仕事」について教えているし、それを学びたい優秀な学生さんが集まっている。

大学全入時代において、高等「教育」機関である以上、名実ともにこれが大学の本来の姿だと思う。

人材ニーズは、グローバルエリートと技能専門職に二分化する

その上で、これから社会が必要とする人材ニーズに応じて、あまたある大学の機能を、国立私立を問わず、2つの方向に据えるべきである。

1つはアカデミア、ビジネスを問わず、グローバルなトップエリートの世界で競っていくような人材の養成である。芸術でいえば、先ほど挙げたショパンコンクールの入賞を目指すような世界だ。

デジタルプラットフォーマーや、今回のmRNAワクチンで注目されたバイオ産業、今後グリーン革命における最終解決手段となる核融合など、最先端テクノロジーにドライブされるグローバルイノベーションの担い手は、こういう空間で活躍することになる。

この空間は、グローバル化とネット時代の情報フラット化で、世界中の才能の取りこぼしが少なくなり、競争は激烈化している。地頭のよさはもちろん、努力する才能や、ストレスに耐える才能も含めて、英語で言えばGiftedな（天与の才能を与えられた）若者の才能を国内外から選抜し、彼ら彼女らが自由にその才能を伸ばせる世界最高水準の環境をつくら

なくてはならない。

もう1つは、地に足のついたローカルな現業領域、エッセンシャルワーカーや製造現場の空間で実務を担う、あるいはその実務をマネジメント面などで支援する人材である。

この空間においては、プログラミングやデジタルツールを使いこなすための知的技能がますます大事になっている。また、従来の大学教育が軽視していた、仕事をする上での言語能力ともいうべき簿記会計や、基本的な品質管理の手法など、私に言わせれば実践と深く結びつき、知識を覚えるというより、技能を習得するという表現がぴったりくる教育が重要な意味をもつ。言語の王様、世界の中での自然言語である英語を考えればすぐわかるだろう。

グローバル競争を戦う企業が求めるのは、斬新かつ高度な知的才能だ。アメリカのMITやスタンフォード大学などの修士、博士クラスと対等に戦える知的水準の超エリートである。

ただし、これは限られたレイヤーでのことだ。やはり社会全体としてはエッセンシャルワーカー型人材の需要が増える。この領域は顧客と1対1で接して信頼や感動をもたらす類の仕事が多いため、ＡＩへの置き換えが起きにくいのだ。

つまり、**高度な知性を武器に世界で戦う少数の超エリートと、実学を武器に国内で勝負する多数のエッセンシャルワーカーの2つが、今後の日本の人材需要の基本構図になるだろう。**

このグローバルエリートとローカルエッセンシャルワーカーの人材類型の間に身分の上下などまったくない。生きる場所、輝く場所の違いにすぎない。社会の持続性にとって、それぞれに重要でまさにエッセンシャルな「仕事」をしていることに違いはない。

このような人材ニーズの分布、教える側の能力を考えたとき、1つ目のグローバルエリート養成学校は、はっきり言って、大学単位で5つか6つできれば御の字である。それに学部レベルで特化したところがあと2つ3つというところか。具体名で言えば、東大など旧帝国大学の一部プラス数校くらいである。大学業界の最強国である米国だって、このクラスの大学は10校もない。

東大の改革がまがりなりにも進んできたのは、この空間で競わなければならないことを当人たちも明確に意識していて、必死に進化しなくてはならないと思っている人が少なからずいるからだ。

その東大すら、グローバル空間でのトップエリートを養成できる学部、学科はそう多くない。いわゆる文系、なかでも一時期、ドメスティックには栄華を極めた法学部なんて、ギルドの崩壊に合わせるように、アカデミックスクールとしても、プロフェッショナルスクールとしても、グローバルエリート競争のなかでは存在感はほぼほぼゼロへと没落中である。

とはいえ、日本には大学の数が800近くある。それでは残りの大学はどこに存在意義を見出すのか？

POINT

大学は学術中心教育をやめるべきだ。グローバルに活躍する人材の育成校と、ローカルで役立つ実務能力を身につける職業訓練校とに特化することで未来は開けていく

冨山

「エセ教養教育」は今すぐ退場せよ

慶應義塾大学創立者の福沢諭吉が『学問のすゝめ』で「実学」の重要性を強調しているとおり、国公立か私学かを問わず、大学教育の出発点は「実務学校」である。ところが、それがいつのまにか「モラトリアム校」と化してしまった。特に「文系」大学においては。「教養教育」の名のもと、何百人も入るような大教室でうんちく学問を一方通行的に教える。学生の側も「講義に出席していればよし」くらいの意識しかなく、バイトやサークル活動に精を出す。むしろバイトやサークル活動のほうが、成毛さんが言われるように真のリベラルアーツを身につける機会になりうるので、そんな学生を責めることはできない。合理的な行動とも言える。

この仕組みは、すでにある知識を西洋文明の配電盤として一方的に教えるためには、当初は効率的だった。戦後の高度成長期においても、新卒一括採用と終身年功制を基本とする日本的経営システムとは相性がよかった。非流動的で固定化された企業文化のもとでは、独創性やアンビション（大望、野心）など二の次であり、まっさらな学生をイチから教育するほうが効率的だからだ。

その点では、ペーパーテスト偏差値できれいに序列づけされた大学体系は、合格歴で若者を選別する上で、はなはだしく便利だったのだ。

しかし、そんなモラトリアム校の卒業生と日本的経営の調和も、グローバル化とデジタル革命による破壊的イノベーションという時代潮流のなかで一気に無効化している。大量生産的に生み出される規格的な大卒の若者は、今後、先に挙げた２つの方向性のどちらにも該当しない、ビミョーな若者になっていくだろう。

グローバルエリート養成学校の数があまり多くないとすれば、圧倒的多数の大学や学部においては、今こそ福沢諭吉の「実学」の精神に戻って、カリキュラムと教授方法と教員の見直し、総入れ替えに着手すべきである。まさに成毛さんが言われた本来のリベラルアーツ教育に立ち戻るべきなのだ。

リベラルアーツとは「よりよく生きていくための知の技法」である。まさに実践知のことをいう。英語であれ、プログラミングであれ、簿記会計であれ、ものを考え、考えを形にする言語なのだ。言語は身につければすぐ役に立つし、いつまでも役に立つ。

たとえば福沢翁が推奨している簿記会計は、当時すぐに役立ったし、今でも不可欠だ。簿記会計はビジネスを記述する基本言語だからである。いくら決算業務がＡＩ化されても、肝心の人間がＡＩのアウトプットの意味が理解できなくてはダメである。大事なのはその決算数字から経営実態、事業実態を解釈し、未来に向けて経営判断、投資判断を行なうことのほうなのだから。

「『すぐ役に立つことはすぐに役に立たなくなる』と元慶應義塾塾長の小泉信三先生が言っていた」なんて、寝ぼけたことを言っている場合ではない。創業者の福沢翁は、訳のわからない有職《ゆうそく》故実《こじつ》の暗記などやめて、すぐに役に立つことを学んで自立せよ、と言っているのだ。**過去の遺物であるうんちく知識を一般教養として教えるエセ「教養教育」はさっさと止めよう。**

それしかできない大学の先生に対しては、この際、退職金を上乗せして希望退職してもらおう。もちろん、やる気のある先生には、自らリカレント教育のモデルとなってもらって、英文学ではなく実務英語を教えられる教員に進化してもらおう。

ちょうどポスドク（博士課程修了後に任期制の研究職に就いている人）でポジションがなくて困っている若手研究者がたくさんいるのだから、彼ら彼女らに自己トランスフォーメーションしてもらって、新しい大学教員モデルになってもらえばいい。理系文系を問わず博士まで取っているということは、知のプロフェッショナルとして汎用性のある技能をもっていることの証明である。だから英語では博士号をすべてPhD、すなわち「哲学（普遍的な真理追求）博士」と呼ぶのである。いくらでも新たな知的技能を身につけて、有用な職業訓練、真のリベラルアーツを担う教官に進化してくれるだろう。

全大学人の真の味方として「頼りになる」高等教育の再生は諦めない

結論として、大学は、本当に地頭のいい学生をグローバル競争で戦えるエリートに育てる人材育成校か、ローカルできっちりプロの仕事ができる職業訓練校かに集約されるべきである。世界トップレベルの研究や教育を行なうG（グローバル）型と、地域社会で役に立つ実務的な教育を行なうL（ローカル）型とに大学機能をはっきり分けるのだ。

以前、専門職大学（注7）の設置を検討する文部科学省仕切りの会議でそのような提案をしたことがある。ところが、主に人文社会系の先生方から「全大学人の敵」と大バッシングを浴びた。曰く「冨山某は人間性を涵養《かんよう》するための教養教育の重要性がわかっていない」、曰く「冨山某は金儲けにしか関心のない財界の回し者だ」、曰く「冨山某は大学の偏差値序列をG型L型でさらに固定化しようとしている」等々。

その後、大学の実態はますます私が提示した方向へと二分化が進んではいるが、未だに大学改革は道半ばだ。

もともと明確にプロフェッショナルスクールとして位置づけられている医学部、獣医学部、そして高専は、どんどん人気が出て、卒業生も引っ張りだことなっている。また、私立大学でも、先述の金沢工業大学や東京理科大学のような技術系教育に、あるいは普通大学でパイロット資格が取れる熊本の崇城《そうじょう》大学のように実務教育に力を入れている気のきいた大学が増えている。医療福祉関連に特化した大学も比較的元気だ。

しかし、多くの税金が投入されている地方国立大学、まさにローカル型の中心であるべき大学の動きは、総じて遅い。また、大量の文系学生を抱えているそこそこ有名な大都市の私立大学も、動きの鈍いところが多い。

これだけ社会実態が変化し、世の中のニーズも若者のニーズも変わっているのに、なぜ変われないのか。

これまた政府や大企業が変われないのと同じ。大学の中にニーズの変化に対応できない昭和な先生がたくさんいて、その人たちの失業問題に直結するからだ。

先述の議論において、私はG型とL型に、いっさい序列をつけていない。むしろ大多数の日本人にとってより重要なのはL型モデルのほうだという論陣を張ったのだ。それを勝手に「序列の固定化」と批判した連中のほうが、昭和な偏差値序列に思考を縛られている。インテリなのでいろいろとそういう屁理屈を言うけれど、本音は「冨山某は自分たちの地位、既得権を侵害しようとしているから全大学人の敵」という話なのだ。

日本の教育刷新は、大学改革が先陣を切るべき

従来型の大学人たちがしきりに強調する、深い人間性の涵養の場としては、ローカル産業の実務、それこそエッセンシャルワーカーががんばっている現場こそが、大教室の一般

教養の授業よりも優れている。

私は実践者なので、VENTURE FOR JAPANという、大卒学生を地方の中堅中小企業に送り込み、社長の片腕として3年間奮闘させるプログラムに、私自身はもちろん、IGPI（注8）としても、構想段階からコミットしている。ローカルの世界のマネジメントで活躍したい若者のために、元リクルートのエース営業マンだった小松洋介さんが、宮城県女川町《おながわ》で立ち上げたプログラムだ。原型は米国のVenture For Americaで、当地では、今や一流大学卒業生にもっとも人気のある「就職先」というか、ストリート版のマネジメント職業訓練大学院のようになっている。

ここに来て、VENTURE FOR JAPANの学生の応募人数も、受け入れ希望企業数も急増している。すでに一期生が3年間の任務を終えたが、彼らのリベラルアーツ力の向上には目を見張るばかりだ。

大学が本格的に変われば、必然的に大幅な入試改革も起こる。そして大学入試が変われば、オセロがひっくり返るように初等・中等教育も変わっていくだろう。

日本の教育を刷新するには、まず本気の大学改革が先陣となるべきなのだ。

政府や企業には頼るな！　とさんざん言ってきたが、教育は、私たちがそういうものに頼らずに生きていく力をつける前提基盤なので、そこまで各人の自己責任に頼ってしまうと、日本の未来はない。高等教育システムについては、それなりに頼りになるもの、せめて利用価値のあるものに変わってもらわなければならないので、これからもしつこく言わせてもらうし、しつこく行動を続けるつもりだ。

POINT

教育は、私たちが政府や企業に頼らずに生きる力を養う前提基盤。金の卵をグローバル人材に育てる一方、地域に根差した活躍の場を求める若者にも学びの場を提供せよ

成毛

それでも大学に行くことには意味がある——「シグナリング」という社会的価値

「学歴の価値は失われた」と前に言ったが、それは「大学に行く必要がなくなった」ということではない。そこは誤解しないでほしい。むしろ大学には行ったほうがいい。

理由は簡単だ。「大学に行った」という事実が、「自分はヤバい人間ではありません」という、消極的だが重要なシグナリングになるからである。

「それって結局、学歴主義では？」という声が聞こえてきそうだが、そういう話ではない。大学に行くことに、ひとまず社会の土俵に乗れるという価値があるということだ。

特に、グローバル人材として活躍する可能性を残しておきたいなら、「○○大学に行きました」というのが、最低限のパスポートになる。

たとえばアメリカでは、「高卒」と聞いたら、瞬時に「この人はドラッグか何かの犯罪歴があって高校で終わったのかも」という発想が働いてしまう。いわれのない偏見ではなく、実際、そういった事情で高卒止まりの人が多い。日本で暮らしていると想像もつかないが、そんな現実もあるのだ。

世の中のほとんどの10代は、自分が何者になるのか未知数であるはずだ。グローバル人材になる道が開ける可能性も大いにあるだろう。そのパスポートを手に入れるために、とにもかくにも大学は行っておいたほうがいい。

もちろん、行くのは何大学の何学部でもいい。「偏差値が高い」「名門だから」などといった理由で選ぶ必要なんかない。

そもそも外国人は、日本の大学のことなどほぼ知らない。「東京大学」と「東京基督教大学」は混同するだろうし、トップ６大学とFランク大学の見分けもつかないはずだ。だから、行き先選びは簡単だ。ある大学の一番偏差値の低い学部に行けばいい。これは実際、私が自分の娘に伝えたことである。

何事も最低限の労力で最大効果を得るのが一番。大学に関してもしかりだ。最低限の受験勉強で、「大学に行った」という社会的価値を獲得するのが、もっともコスパが高いといえるだろう。

はっきり言って、日本の大学の教育的価値は、一部の大学を除いて地に落ちている。受験のシステムもバカげている。だから、入試でがんばるのは徒労であり、人生の無駄でしかない。思い切り割り切って、身軽に大学受験に向かうのが、もっとも妥当だと思う。

人間、一生に何度もそうめちゃくちゃにがんばれるわけではない。がんばる力という重要なリソースは、大学受験などで摩耗させずに温存しておくべきだ。そして、大学に行った後、そこで何をするか、いかに学ぶか、誰とつき合うのかといったことで存分に発揮すればいい。

早くから自分の進む道が決まっている人、職人や伝統芸能など大学に行くよりも技や芸を磨くことに時間を割いたほうがいいような人は除き、大学には行くべきなのである。

POINT

どこでもいいから大学には行くべきだ。学歴の価値は消え、大学教育は地に落ちているが、大学に行くことには社会的価値がある。グローバル社会のパスポートにもなるのだ

冨山

初等・中等教育は親の姿勢で決まる

初等・中等教育についてはやはり親の問題が大きい。この時期、親には子どもの素質を冷静に見てあげてほしいと思う。「自分は何に向いているのか」「何が好きで何が嫌いなのか」を探索する機会も、子どもに提供してほしい。

成毛さんが「タカがトンビを生むこともある」と言ったとおり、子どもの素質はさまざまだ。勉強が好きな子なら、勉強することをエンカレッジすればいいが、素質を見ようともせず、二言目には「勉強しろ」と追い立てるのはよくない。特に、「学校の勉強」がよくできるように仕向けるべきではない。

そういう親は、自分が受けた偏差値教育や受験システムを引きずっているのだろう。知識を詰め込んで受験学力を上げ、いい大学に入れば、いいところに就職できる――といった昭和的な発想から解放されていないのだ。

人生の道のりは、そう単線的ではない。世間的にいい学校に行けば、いい人生になるわけではない。逆もしかりだ。世間的に評判のよくない学校に行ったら、悪い人生になるのか。必ずしもそうではないだろう。

親も、そんなことぐらい情報としてはもっている。しかし、知っていながら昭和の呪縛から自由になり切れないのだ。むしろ、生まれたときにはインターネットがあって、さまざまな情報に触れてきた子どものほうが、発想が自由だし、偏らない情報をもち、十分な機会を提供されていれば、正しい選択をする確率は高いだろう。

ネット空間では、多様な情報がフラットに並んでいる。高学歴で自由に生きている人、高学歴で窮屈そうに生きている人、高学歴でなくても楽しそうに生きている人など、いろんな人生が同時多発的かつ均等に入ってくる。人生は本当にいろいろで、偏差値や学歴ひとつで決まるのではないと感覚的に理解しているはずだ。

にもかかわらず、親が「いい大学に入れ」などとガミガミ言ったら、それに向いていない子の場合は、これからの時代、たいへん不幸な展開になってしまう。向いていないことを必死に耐えて約20年間がんばった挙げ句、その努力が報われる職場がほとんどなくなっている可能性が高いからだ。

初等・中等教育期にある子どもにとっては、親との関係が何よりも重要である。親さえしっかり子どもと向き合い、全存在を受け入れてあげていれば、学校教育は大した問題にならないといってもいいのだ。

たとえば学校のテストでユニークな回答をして「×」をもらったとか、担任教師から指導を受けたとかいうことがあっても、親が大らかに構えていればいいだけの話である。

学校以外のところでワクワク体験をさせる

プラスアルファとして、学校以外のところで定期的におもしろい体験をさせてやれば、子どもはさらにすくすく、伸び伸びと育つだろう。

現に、海外では平気で子どもを職場に連れていく人が少なくない。中身はカナダ人だった私の父も、小学生、中学生の私をよく仕事場や海外出張へ連れていってくれた。学校とは別の未知な世界に触れるたび、子ども心にワクワクしたものだ。

そこで私が見聞きしたことが、東大に入り司法試験に受かるまでは「いい大学に入る」路線だったのが、最後のところで「いい会社に入る」選択をしなかったことにもつながっている。1980年代前半の時点では、コンサル業界も、ボストンコンサルティンググループも、決して誰でも知っている「いい業界」「いい会社」ではなかった。後で聞いたが、まわりでは「司法研修所に進まず、興銀にも行かなかった冨山君、何か事件でも起こしたんじゃないか」とまことしやかに囁かれていたそうだ。

子どもの世界は、基本的に家と学校の行き来であり、とても狭い。だから、大人が仕事をしている現場に早くから触れさせることの教育的価値は非常に高いと思う。

「そうなると学校を休ませることになる」と懸念するかもしれないが、学校は週5日やっているのだから、たまに休ませても害はない。下手に「教育熱心」になり、とっくに価値を失った学歴のために子どもを受験戦争に巻き込む害のほうが、はるかに大きい。

最近、意識高い系に流行のインターナショナル系の小学校や、ボーディングスクール（全寮制の寄宿学校）なんかも、必ずしも「いい学校」とは言えず、やはり向き不向きがある。私の場合、最初はオーストラリアの公立小学校、帰国後は地域の公立小学校に通ったが、よくあるステレオタイプな帰国子女の日本不適応は起こさなかったし、多様な環境の子どもが集まっている公立小学校の環境は合っていた。
小学校の恩師や同窓生仲間と今でも集まったり、遊んだりしているが、私にとって生涯にわたり大事なリベラルアーツの学びのコミュニティになっている。

要はすべてケースバイケース、It dependsなのだ。小泉元首相の国会迷答弁じゃないが、人生いろいろ、親もいろいろ、子どももいろいろなのだ。世の「正しい教育法」みたいな一般論や流行に惑わされて教育熱心になることはきわめて危険である。

子どもの人生は子ども自身の人生だ。彼ら彼女らは新しい時代を生きていく。親はそれを支配できないし、すべきでもない。子どもの人生を確実に成功に導く教育方法なんて存在しない。親としては、子どもが愉快で充実した人生を送れる確率を上げるために選択肢を増やすことは応援できても、何を選択するかは子どもが決めることなのだ。

POINT

子どもの素質も見ずに、無理やり勉強へと追い立ててはいけない。昭和育ちの親は「いい学校、いい会社」という呪縛を捨て、大らかに構えるべきである

成毛

習い事より「大人の世界を垣間見させる」ことが大事

冨山さんの「子どもを学校以外の世界に触れさせる」という提案に、私も大賛成だ。

子どもの世界は本当に狭いものだ。思い出してほしい。小学校低学年では自分の半径1メートルくらいしか見えておらず、小学校高学年で教室の端から端まで見渡せるようになるくらい。中学校で1学年全体が見渡せるようになり、高校生になってようやく学校全体に目が行く。その程度である。

だからこそ、早くから学校以外の世界に触れさせ、「世界は君が思っているよりもずっと広い」と教える意味は大きい。いつも家庭で見せている「親の顔」ではなく、「仕事人の顔」を見せる。あるいは同僚などの大人と交流できる場を設ける。それは、学校が決してできない教育になる。

といっても、肩ひじ張る必要はない。自分が仕事をしているところに、ただ子どもをいさせればいいだけだ。外資系企業には「ファミリーデイ」といった制度があり、社員の子どもがオフィスをうろちょろしている光景がしばしば見られる。

日本の会社にはそうした慣習はないが、やりかけの仕事をもち帰って、家で続きをすることもあるはずだ。そういう姿を見せるだけでもいい。「仕事を家庭にもち込まない」という人も多いようだが、私は断然「仕事はどんどん家にもち込め派」なのだ。家庭と仕事の境界線は、薄ければ薄いほどいいというスタンスである。

コロナ禍を転じて好機にすることもできる。在宅ワークが増えた場合は、ごく自然に、仕事人の顔を子どもに見せることができるからだ。ケースバイケースではあるが、オンライン会議のとき、子どもを同じ部屋で遊ばせたりしてもいいだろう。

親以外の大人との交流の場を設けるのも、試してみれば簡単なはずだ。たまには友人知人を家に招いて、酒を飲んだりすることもあるだろう。その日ばかりは子どもに夜ふかしを許して、大人と同じ席に座らせればいい。

「子どもはいい迷惑ではないか」と思うかもしれないが、意外とそうではない。子どもは刺激を欲するものだし、背伸びしたがるものだ。普段、接することのない大人がいたら興味津々で、同じ場にいることを許されれば、喜んで席につくはずなのだ。

「課外活動」の名のもとに、子ども同士を集めてイベントを開きたがる教育者がよくいるが、バカではないかと思う。子ども同士で交流するのは普段の学校生活で十分だ。そこでは得られない体験をさせてこそ課外活動になるのだ。

子どもに必ず経験させたいこと、絶対に強要してはいけないこと

今の子どもは、ほぼ全人生を「100％自己責任の時代」に生きる。それを考えると、いろいろな意味でのサバイバル術も身につけさせたほうがいいだろう。

筆頭は英会話である。これは必須だ。

「受験英語」などもちろん不要。必要なのは、外国語ネイティヴとのコミュニケーションに使える英会話能力だ。これは最大の緊急避難装備でもある。

たとえばAPUや、秋田の国際教養大学（注9）に行くだけで、グローバル人材の土台がほぼ整う。これらの大学は世界から留学生を集めており、学生の多くが外国人だからだ。寮に入れば必然的に英語で生活することになる。


コミュニケーションにおいて大切なのは、TOEICの点数ではない。相手のジョーク

や趣味を理解したりといった、文化ギャップを埋めることができる能力だ。その能力を身につけるには、やはり外国人と一緒に暮らすことが一番である。大学生の間にその環境に身を置けば、そこでグローバル人材の第一素養は備わってしまうというわけだ。

サイエンスの基礎知識も欲しい。これが欠けると、変化の速い現代では、10年以内に身のまわりで起こっていることを、ほとんど理解できなくなるだろう。

さらに、日本の衰退状態に慣れてしまわないように、無理をしてでも外国を見せておくべきだ。それも観光地ではなく生活現場を見せておくことをお勧めする。

逆に、断じてやめてほしいのは、子どもを習い事でがんじがらめにすることだ。「英才教育」と称して、ピアノだのバレエだの習字だの、子どものスケジュールを習い事で埋め尽くす親がいるが、これはよくない。

子どもにとって未知な領域に、一定期間チャレンジさせてみるのはいいだろう。だが、「せっかく始めたのだから」と無理やり通わせ続けるのは、親のエゴでしかない。子どもからすれば拷問である。

習い事を続けさせるべきケースは1つだけだ。チャレンジ期間に子どもがすっかりハマり、やめろと言わなければ一日中それればかりやるような対象に出合ったときである。だが、そういうケースは、おそらく0・1%くらいだろう。つまり、99・9%の習い事は、続ける意味がないということだ。

念のため言っておくが、くれぐれも「習い事で手に職がつく」などとは考えないことである。たとえば、大して好きでもないのにピアノを習い続けて、それなりに上手になったとしても、今どきピアノの先生では食っていけない。

習い事は、親が勝手に思い込む「愛ある押しつけ」にすぎないということだ。

POINT

子どもには、親以外の大人と触れさせることを第一とする。英会話教育、サイエンス教育、海外体験も大切だ。習い事は最初の「ハマり具合」で、続けるかどうかを判断せよ

【注記】

1 多彩な課外授業、充実したICT授業などの特色をもつ。系列の「S高」と合わせた生徒数約2万人

2 学生の50％が国際学生で、多文化、多言語環境を特色とする「スーパーグローバル大学」

3 東京大学の学生チームと芸能人チームが競うTBSのクイズ番組

4 日本興業銀行と日本長期信用銀行。これに日本債券信用銀行を加えた3行は、秀才中の秀才が集まるトップ銀行といわれていた

5 「対大蔵省（現財務省）折衝担当者」の俗称。エリートバンカーを象徴する部署だった

6 マンハッタンの大手法律事務所を舞台にした弁護士ドラマ

7 専門職業教育に特化した新タイプの大学。2019年に開設し、必要単位の3割以上が実習科目

8 冨山氏がグループ会長を務めるコンサルティング会社、経営共創基盤の略称。

9 リベラルアーツ教育を掲げ、授業のすべてが英語、1年間の海外留学が必須といった特色をもつ

第4章

日本経済を救う処方箋

――「自分勝手」が国、会社、個人を変える

冨山

日本は明治の伝統より、江戸時代のスタイルに立ち返れ

現代日本が抱えるさまざまな問題を指摘しながら、国家のグランドデザインとしては「イノベーションによって生産性を上げよ」「国際競争力をつけて世界で勝負できるようになれ」、そして何より個人については「自分勝手に生きよ」と述べてきた。古い意味での「国家」、古い意味での「会社」なんて忘れて、自分勝手に生きようということだ。

これは、個人がそれぞれの幸せを追求しながら、気ままに生きるということも含む。イノベーティブで競争力の高い個人が育つ土壌をつくることはもちろん重要なのだが、その一方で、いわば「理想のレベル」を下げることで得られる各自の幸せがあるのなら、それもいいではないかと思うのだ。

なにも新しいライフスタイルをつくれというのではない。もともと日本にあった伝統的ライフスタイルに立ち返ってみるのである。

伝統的な日本人というと、勤勉、勤労というイメージがあるかもしれない。だが、それは明治以降、士族階級を筆頭に、富国強兵という国家プロジェクトに必死になっていたころにつくられた「伝統」だ。

「それこそが古きよき日本人魂だ」と言わんばかりに、そうした伝統を重んじたがる人たちもいる。

しかし、私が指している伝統は、それではない。そもそもせいぜい200年の歴史もない事柄を伝統とは呼ばないし、士族なんて10パーセントもいなかったのだから、それを日本人の伝統と決めつけられても、当方のように正真正銘、農民の末裔《まつえい》としては困ってしまう。もっと時代をさかのぼり、江戸時代のスタイルに立ち返ることで、日本人の幸福度は上がるかもしれないという話なのである。

江戸時代、大きな商家はともかく、長屋住まいの庶民は職を転々としながら気ままに暮らしていた。その日暮らしで、物質的には裕福ではない。しかし、生活はのんびりと満ち足りていた。そして超リサイクル社会で江戸は清潔そのものの大都市だったようだ。歌舞伎の世話物（注1）や落語に描かれているような、あの世界である。その歌舞伎や浮世絵をはじめ、世界に冠たる色鮮やかで豊かな文化の華を咲かせたのも、江戸や大坂の町民社会なのだ。

ラテン諸国のように気楽に暮らす道もある

前に成毛さんが「日本人は、実はイタリア、スペインのようなラテン系モデルと親和性が高いのではないか」と何かに書いているのを読んだことがある。そのとおりだ。

いきなりヨーロッパの話が出て「何？」と思うかもしれない。だが、実は大陸を経るほどのはるかな距離に隔てられながら、ラテンの国々の気楽な暮らしぶりと、江戸時代の庶民の気ままな精神性は、不思議と符合するのだ。

卓越した個人は、才能と意志に集まってくるカネを使って産業にイノベーションを起こし、グローバルに活躍してもらう。そして大谷翔平選手のようにグローバルモードの企業と個人は世界でがっつり稼いでもらって、それを日本の口座に振り込んでもらい、我が国の所得収支に貢献してもらう。これが小資源国にはエネルギーや食糧を輸入する原資になる。

そうでない個人は、イタリア・スペイン型、もしくは江戸型をモデルにし、決して裕福ではないまでも幸福度を高めて生きていく。幸福度の高い社会は住みやすい社会でもあるので、そこに良質で高単価なインバウンド旅行者が来てくれるし、リモートワークの時代、職種によってはグローバル人材も移り住んでくるかもしれない。すると江戸型ローカル住人の暮らし向きもかなり豊かになる。

この両方が共存できる社会こそが、皆が幸せに生きられる社会ではないだろうか。

幸いなことに、日本は地政学的に恵まれている。

「日本はアメリカと中国、２つの大国がいがみ合っている間で板挟みになっている」というのが世間一般のイメージだろう。しかし、ローマの昔から、覇権国の間にいる国は豊かになるものなのだ。

現在のヨーロッパを見ても、東のドイツ、西のイギリス・フランスの中央ラインに位置する国々は、覇権国の間でしたたかに立ち回り、国際社会では目立たないが、意外と豊かだ。リヒテンシュタイン、ルクセンブルク、ベルギー、オランダなどである。

もちろん、大きな戦争が起きたら真っ先に巻き込まれる危険があるが、今後、その可能性はきわめて低い。

だから、これらの国々のように米中の間でうまくやり、生活モデルとしてはラテンに倣《なら》えばいいのだ。日本は覇権国になる必要はない。のんびり個人の幸せを追求してもいいというのは、そういう地政学的好条件の国に生きているメリットだと言ってもいいだろう。

POINT

のんびりラクに生きる江戸型ライフスタイルも検討しよう。卓越した個人としてイノベーションを担い、グローバルに活躍するのは素晴らしいが、選択肢はそれだけではない

成毛
はじめから期待値を下げるという生き方もある

冨山さんが言及してくれたように、**イタリア・スペイン型で生きるのが日本人にはぴったり**だと私は思っている。

経済が縮小し、今にも経済一流国から転落しようとしている日本を見ていると、なおのこと、イタリアやスペインと重ねてみたくなるのだ。そこで思考的遊戯をしてみたところ、特に符合するのはイタリアだろう。

両国とも文化、とりわけ食文化は独特で、世界のある程度の知識層やマニアからは評価されている。だが実は世界の大衆には、ほとんど国名程度しか知られていない。

また、両国とも部品産業やアパレルなど、細々とした特殊産業に特化した小国だ。

そしてイタリアは、ヨーロッパにおけるドイツのようにリーダーシップが取れる国ではないし、フランスのような農業大国でもない。イギリスのような階級と地域の分断も、さほど大きくはない。はたまたスペインのように他宗教による占領や大規模内乱の経験もない。

そして日本とイタリアは、片や日本は幕藩体制、片やイタリアは小国家体制が19世紀まで続いていた点でも似ているのだ。

イタリアもスペインもローマ時代や大航海時代には世界を席巻し、その後は競争から脱落した。だが、だからといって悲壮感を漂わせたりはしていない。明るく軽やかに、個人の幸せを追求してきた。

たしかに経済的に一流とはいえないが、傍《はた》から見ると、それはそれで、なんだか幸せそうなのだ。毎日おいしいものを食べ、家族や仲間とワイワイ集い、困ったことがあれば支え合って、実に楽しそうに生きている。

そんな彼らの生き方が江戸時代の庶民の生活と相通ずるという冨山さんの指摘にも、大いに共感する。

江戸時代、植木職人や鳶《とび》職、大工などの労働時間は年間80日程度、つまり週休2日どころか、週勤2日だったという。雨が降ったら仕事にならないからである。

農家も、これまた年の3分の1は休んでいたようだ。さらには奉行所の役人ですら、月番で1ヵ月働いたら1ヵ月休むというシフトだった。

身を粉にして働いていたのは、おそらく大商家の主人や奉公人くらいだろう。明治以降、勤労・勤勉の「伝統」が染みついている日本人としては、驚きの事実ではないだろうか。

もちろん、江戸の庶民は裕福ではなかった。しかし食えないほど貧しかったワケではないようなのだ。裕福ではないなりに、満ち足りた生活をしていたのだと思う。

そして何より、彼らは自由だった。貧しい出身ながらも商家へ奉公に出るなどして商売を学び、やがて自分で商いを始めて富を築いた人もなかにはいた。

つまり、江戸時代にも、自らの才覚をもって勝負をかける人と、身の丈《たけ》に合った幸せで満足して生きる人の両方がいて、それぞれのやり方で社会を回していたわけだ。

こう言うと、「人生を諦めるのか」「そんなに向上心がなくていいのか」という声が飛んできそうだが、個々の幸せは個々が決めることだ。

昭和には昭和の生き方があったように、令和には令和の生き方がある。しょせんは昭和の価値観を引きずっているだけのオジイサンたちに、「最近の若者は……」などと説教を垂れる権利などない。

期待値を下げ、高望みをせずに幸せに生きる。「国のため」「社会のため」ではなく、自分勝手に、気ままに生きる。そういうビジョンも選択肢に入れておけば、だいぶ気がラクになる人も多いはずだ。

みんながみんなグローバルに活躍し、そこでの競争を勝ち抜かなくてはいけないわけではないのである。

POINT

自分自身の幸せを優先せよ。自分の才覚をもって勝負をかけるのも、身の丈に合った幸せで満足するのも、どちらが尊いということはない。幸福に生きるのが一番大事である

冨山

「新しい資本主義」に頼らないことが新しい資本主義だ

国とは個人の集合体である。したがって、国の豊かさをどんどんブレークダウンしていけば、当然、個人の豊かさにいき着く。

では、現代における個人の豊かさとは何か。それはいかに成されるものなのか。

そこで支柱となるのが、「みんな横並び」で突き進んでいく昭和的な価値観ではないというのは、今まで話してきたことからも明瞭だろう。

成毛さんが改めて示しているように、「１００％自己責任の時代」とは「個人の時代」であり、「昭和的なるもの」から自由になって自分勝手に生きる。それが現代において個人の豊かさ、幸せを叶えていく方法であると思う。

国家は、もはやトップダウンで私たちの進むべき道を示す存在ではない。「自己責任」

という言葉は重いが、半面、昭和の日本人よりもはるかに自由に生きられるということでもある。

会社ももはや、「生涯勤め上げます」と忠誠を示す対象ではない。「専業サラリーマン」は昭和の遺物である。

第一次世界大戦後の世界的な産業構造の変化により、大正末期から昭和初期に事務職が増えたことがサラリーマンの始まりだ。それがさらに定着したのが戦後、高度経済成長期のころだった。終身雇用制度が確立したのも、このころである。

そうなる前は、「会社」に縛りつけられることなどなかったのだ。だから、これからはもう「会社」に縛られず、自分勝手にいろんなことをやってみたらいいと思う。

「新しい資本主義」に進むには、昭和型資本主義から決別せよ

かつては効力を発揮した昭和のシステムは、今となっては経済発展の阻害要因になっている。一人ひとりのポテンシャルはあるのだが、それが残念ながら生かされていない。

いくら卓越した個人でも、会社に入ったら、昭和なるものへの同化を強いられる。「新人だから」というだけで花見の場所取りをさせられたりするのだ。

そんなところに20年も30年もいたら、すっかり周囲と同じ思考の人間になってしまう。それが今の現実だ。

旧時代的なシステムの残存によって、これだけ個人の伸びしろが減らされてしまっている国も珍しいのではないか。

だが、それは裏を返せば、旧時代的なシステムがなくなるだけで、一人ひとりが爆発的にポテンシャルを発揮する可能性を秘めているということでもある。

要は、自分勝手に生きたほうが、才覚、能力、スキルを最大限に生かすことができる。そんな時代になっているのである。

岸田政権になって「新しい資本主義」がアジェンダになっている。私もその実現会議の委員になっているが、その「新しい」とは何なのかについての理解は、人によってずいぶんとばらつきがある。

はっきり言って、昭和の日本型資本主義もといカイシャ社会主義にノスタルジーのある世代の財界人は、決まって「新自由主義の行き過ぎで格差が拡大した。だから政府がもっと大きな役割を果たしてそれを是正すべきだ」という、要は左旋回、昭和回帰なことを言い出す。

しかし、そもそもファクトとして日本において格差は広がっておらず、すでに述べたように、要は**昭和のシステムがイノベーション競争の時代、個人の才覚・発想がモノを言う知識集約化時代に対応できず、経済全体、国民全体が相対貧困化したことがいろいろな問題を引き起こしている**のである。

小泉政権時代からの規制緩和が非正規雇用の増加を生んだと言っている人たちもいる。だが、その前から、この国には季節工、臨時工、出稼ぎ日雇い、アルバイトという労働形態であるが、農業などの本業身分があるので統計上は現れにくく、まともな保護を受けられない「非正規」がたくさんいた。こうした働き方をどんな連中が斡旋《あっせん》し、どんな搾取が横行していたか、関心のある人は、あの時代の小説やドキュメンタリーを読んでみたらいい。

前回（1964年）の東京五輪のための突貫工事は、そういう人たちの過酷な労働のおかげで可能だったのである。

1990年代以降、産業構造の変化でカイシャ社会主義が包摂できる勤労者の数はいずれにせよ減っていったので、規制がどうであろうと「非正規」的な働き方をせざるを得ない人の数は増えていたはずだ。
そして従来の規制のままでは、制度的に存在しない、あってはならない「非正規」はまさに不正なアングラ労働になってしまい、もっと悲惨なことになっていた可能性は高い。

いずれにせよ、この30年間で日本の総所得はほとんど増えていない。少子高齢化で社会保障支出はどんどん増える一方で、税収はそんなに増えない、そのため政府はどんどん貧乏になる。家計も企業も所得が増えていないのだから、そこにも再分配に回す持続的な原資はない。
みんな将来が不安だから、増えない所得から爪に火をともすように倹約して貯金を積み上げているが、これを消費や投資さらには再分配に回しても、肝心の稼ぐ力が落ちているので一回で終わり、やはり持続性はない。

とにかく昭和回帰が正しくないこと、そして政府の役割も昭和な経済政策や産業政策ではないことも明らかである。

POINT

この30年間で日本の総所得はほとんど増えておらず、政府はどんどん貧乏になっている。とにかく稼ぐ力をつけることが大事だ。昭和回帰が正しくないのだ

冨山

世界標準は、ＥＳＧ指向の資本主義とデジタルフォーディズム

現代的な意味で経済領域における政府の役割について、ここで深くは述べないが、ざっくり言うと次の５つになる。

①市場の失敗への対応
②新しい産業構造・デジタル時代のアーキテクチャに対応したルールデザイン
③産業・企業の新陳代謝を妨げない形での包摂的なセーフティネット整備
④経済と外交安全保障の交錯領域への対応
⑤人材教育と研究開発への支援（≠介入）

これらはある意味、とっくの昔に先進国の標準となっており、新しくも何ともない。しかし、これを昭和な政府の仕組みで遂行するのはきわめて難しい。産業再生機構は①の典

型で、この時は本当に日本の金融システムは追い詰められていたし、時の政権も腹を括っていたので、何とかギリギリ機能した。でも、その後、似たような政策意図で官民ファンドがたくさんできたが、個別案件で私自身も深く関わったＪＡＬやルネサステクノロジの再生で成果を上げた以外に、全体としては大きな成果を上げられていない。

②以下の領域でも政策効果を上げることがいかに難しいかは、すでに何度も述べた。産業再生機構解散後、私も何とか機能するように民間人としてできる協力はやってきたし、これからもやっていくつもりだが、それが期待通りにうまくいく勝算は必ずしも高くない。

世の中をいい方向に変えるという意味では、自分が民間人として取り組んできた地方公共交通機関の再生や、東大でのベンチャー生態系づくりのほうが、具体的な成果を上げている。**悲観的にならずに、自分の力でできることがたくさんあることを信じて行動することがやはり大事**だと思う。

ビジネスのマラソンを美しいフォームのまま２時間で走れるか？

従来の資本主義のあり方がいろいろな意味で人間社会のサステナビリティ（持続可能性）を脅かしているのではないか、という意味で「新しい資本主義」の議論が世界的に盛んになっているのは事実である。いわゆるＥＳＧ（環境Environment、社会Social、企業統治Governance）指向の資本主義の議論だ。

しかし、それは日本の昭和の資本主義の再評価ではまったくない。また、持続性重視なんだから、ちんたら走っていいという話でもない。確かに１００メートル短距離走を10秒で走る競争を繰り返していると持続性はないが、長距離走のマラソンを４〜５時間かけてゆっくり走っていいという話ではないのだ。ビジネスのマラソンを、温暖化ガスを出さずに、社会性にも配慮した美しいフォームで２時間で走れるか？　が問われている。

過去30年間の長距離走の記録を見る限り、欧米企業と比べてまったくダメダメだった昭和な日本の経営者にとっては、ますます厳しい注文が突きつけられているのだ。

そしてもう１つ、最近、コロナ禍からの経済復興計画において多くの国々で意識され始め、かつまた私がデジタルフォーディズムとして提起しているテーマがある。ローカル経済圏とそこでがんばっている大多数の人々、エッセンシャルワーカーがその典型だが、そのような社会の持続性にとってより重要な仕事をしている人々の労働生産性の向上と、賃金をはじめとする処遇の改善、そのためのデジタル時代のインフラ投資と規制改革である。

我が国の地方創生の議論も、本来はここに中心射程を置くべきものである。

これはＥＳＧの脈絡でいえば、いわゆる上場企業の枠を越えて、非上場企業、中小企業を含めた社会の持続性に関わる拡大版ＥＳＧ指向の資本主義と言ってもいい。

このテーマはこれから世界的に着手しようとする段階なので、まだまだ日本もいい勝負ができると思う。

自分勝手に行こう。それが世のため人のためになる

いずれにせよ、何度も繰り返してきたように、古くても新しくても、資本主義の本質が市場参加者の自由な創意工夫にあることに違いはない。

産業再生機構のような国家資本主義的なモデルでも、それを担う人々がどれだけ自由に創意工夫できる仕組みになっているか、そして担い手が自由な心で組織目的に向かってどれだけ最善の行動を取れるかが重要なのだ。

その意味で岸田政権の言う「新しい資本主義」が正しい方向に向かっていったとしても、その主役はあくまでも民間において自由にイノベーションを追求し経済活動を行なう、私たち一人ひとりなのである。

自由ということは、好きなことをやっていいということだ。

政府、会社、学校、運動部、いろいろな次元で昭和なモデルに縛られてきた多くの日本人が、まずはその呪縛から解き放たれることが、この国の「新しい資本主義」を始動する第一歩だ。逆説的だが、国や会社が提示する「新しい資本主義」像に頼らず縛られず、自らの好き嫌いに正直に生きることこそが「新しい資本主義」がうまくいく鍵となる。さんざんに抑制されてきた分、それができたときに発揮される日本の潜在パワーは相当なもののはずだ。

そしてここでも一番大事なことは、政府や会社のせいにしないで、私たち自身が自己トランスフォーメーションを行なって好きなことをやっていくこと、その前提として好きなことの選択肢を自由な発想で広げること、さらには好きなことを「仕事」にするために自分自身のスキルを合理的な努力で鍛え上げることである。

好きなことをやっていけば愉快な人生になるだろうし、嫌いなことをやっていけば不愉快な人生になるだろう。結局のところ、これが一番重要なことだ。

「いかに生きるべきか」などは考えなくていい。「いかに好きに生きるか」を人生の軸にしていくのである。

政府の変化は、常に世の中の後追いでやってくるという話を前にした。

個人が変われば、その集合体である社会が変わる。その社会から国家運営を任されている政府も国会も、ついには変わっていく。

結局、ボトムアップでしか国は変わらない。私たち一人ひとりが自分勝手に生きることで、それぞれに幸せな人生を送る個人が大多数となったときに、ようやく日本という国は「昭和」の呪縛を脱することができるのだ。

POINT

「いかに好きに生きるか」を軸として生きよう。一人ひとりが好きなことをやり、愉快な人生を送ることで社会が変わり、そして国が変わり、ようやく昭和が終わる

批判や評論よりも、具体的なアクションが重要

本書では、冨山さんとの議論からさまざまな提言をしてきた。

政府に頼らないこと。企業に頼らないこと。古き悪しき昭和の価値観から自由になり、自分勝手に生きること。なかには思いつきレベルの提言もあったが、まず、いろいろと自由に考えてみることが出発点だ。

たとえば――と、また思いつきレベルのことを提案してみよう。

メガバンクやITゼネコンなどのドメスティック大企業から、すべての若手社員を成長分野や中小企業に引き抜くというのはどうだろう。

経済の低迷は所得格差などだけではなく、社会不安も増大させる。安心して暮らせる国であるためにも、生産性を上げなくてはいけないことは明白だ。そのためには日本の大企業の昭和体質を何とかしなくてはいけない。これも本書で再三にわたり指摘してきたとお

りだ。

先に「最低2回の転職」を勧めたが、これは楽しく働き続けるという個人的要請と同時に、人材流動性を高めることで、古い昭和の価値観で凝り固まった大企業病を打ち破るという社会的要請にも応えるものだ。


77ページでも述べたが、より効果的に人材流動性を高めるためには、大企業にフォーカスした大胆な策があってもいいかもしれない。というのも、たとえ現時点で優秀な人材であっても、大企業に入って20年もすると視野狭窄的な昭和のサラリーマンになってしまうという現象を、これ以上増やすのは国家的損失を増大させることになるからだ。

ただし、途方もなく強力な慣性で生きている大企業に向かって、いくら外側から「変われ」と叱りつけても何も効果はない。だから、内側にいる若手社員を強制的に引っこ抜いてしまえばいいというわけだ。

すると、困った大企業は子会社や下請け企業などから人を採用し始めるだろう。結果的に平均給与も上がり始め、さらには昭和的ロートルだけになった大企業も変化せざるを得なくなる。

これに退職金優遇税制の撤廃が合わされば、「入った会社がヤバい」と気づいた新卒社員が、30歳くらいで転職する動きを促進できるに違いない。将来的に退職金で住宅ローンを始末できないとなれば、今いる会社に定年までかじりつく必要はなくなるからだ。実力のある若手人材は、より給料の高い企業に転職するだろう。

あるいは、**何歳であっても入社・転職から5年間の所得税を30％程度還元する**、などの税制を敷くのもおもしろいと思う。

いずれにせよ、目的は人材流動性を高めることだ。そのために、若手人材が転職に踏み切る「心理的なきっかけ」、または今勤めている企業への「言い訳」を与えてあげればいいのだ。

こうした提言に目を剥いて反論を試みる人は、特に中年以上の世代には多いだろう。実現させるとなれば、さまざまなハードルがあることくらい、わかっている。だが大事なのは本項の冒頭で言ったとおり、まずは自由に考えてみることだ。

冨山さんが言うように、社会はボトムアップでしか変わらない。具体的に何の法律や政令、制度などをいじれば、社会はよりよくなるだろうか、自分自身はより生きやすくなるだろうか。思いつきでも妄想でもいいから提案していく。こうした個人の小さな思いつき、妄想による提案の1つひとつが、ボトムアップ型の社会変革の原動力となっていくのだ。

POINT

「社会を変えるのは難しい」では思考停止に陥るだけで何も変わらない。思いつき、妄想でいいから個々が考え、発言していくことで、結果的に社会が変わっていくのである

【注記】

1　江戸時代の町人農民の市井の事件を扱った作品。武家貴族の歴史的事件を扱った「時代物」と対をなす

おわりに

冨山和彦

本書には、政府、会社、学校を問わず、日本で既存のエスタブリッシュなものには頼るな！　というメッセージが度々出てくる。これはいわゆる「自己責任論」で言っているのではない。あくまでもリアリズムとして、頼りにならないものに頼るのは危険だということだ。プラグマティックな意味で頼れるものにはどんどん頼れ、かじれる親の脛《すね》もかじっていい。しかし頼れないものに頼るとかなりの確率で不幸になってしまう。

誰しも自分の力だけでは生きていけない。ならばどうするのか。そこで途方に暮れずに考えて、好奇心のアンテナを立てていろいろと調べてみることだ。するともっと頼りになるものがたくさんあること、自分が心から愉快に感じることがあり、世の中にはそれで飯を食う道がいろいろあることが見えてくる。逆に昭和的な学歴主義（日本の場合、これは合格歴主義に過ぎないのだが）、就職人気神話、終身サラリーマン上がり双六《すごろく》に縛られ、そこで自己責任論で自分を追い詰めると、ほとんどの場合、不愉快な人生になる時代である。本書には読者の皆さんとそのご家族が昭和的不愉快の罠から逃れ、それぞれに愉快な人生の道筋を見出すヒントがいろいろと登場する。

成功や幸福の標準化の時代だった昭和と決別するための鍵は、自分で基準を決めること、すなわち自己満足だ。今後も昭和の標準幸福モデルの没落は止まらない。代わりの標準モデルも出てこないだろう。ならば、自己満足に基準を置いたほうが、よほど気分がいい。それは自己肯定感にも直結する。

日本人の自己肯定感は、世界各国と比較しても顕著に低いそうだ。これは不幸だ。本書を通じて一人でも多くの人々が愉快に人生を過ごせる日本になることを願っている。


成毛さんは多動・多発的な好奇心・探求心の人であり、自己満足と自己肯定の人である。日本のビジネス空間にはレアな匂いに私はとても惹かれていた。今回、そんな成毛さんとじっくり対談できる機会をつくってくれた小倉　碧さんをはじめ編集担当の皆さんに謝意を表したい。

著者略歴

成毛 眞（なるけ・まこと）

1955年北海道生まれ。元日本マイクロソフト代表取締役社長。

1986年マイクロソフト株式会社入社。1991年同社代表取締役社長に就任。2000年に退社後、投資コンサルティング会社インスパイアを設立。現在は、書評サイトHONZ代表も務める。『amazon 世界最先端の戦略がわかる』（ダイヤモンド社）、『アフターコロナの生存戦略 不安定な情勢でも自由に遊び存分に稼ぐための新コンセプト』（KADOKAWA）、『バズる書き方 書く力が、人もお金も引き寄せる』（SBクリエイティブ）など著書多数。

冨山和彦（とやま・かずひこ）

経営共創基盤（IGPI）グループ会長
日本共創プラットフォーム（JPiX）代表取締役社長
ボストン コンサルティング グループ、コーポレイトディレクション代表取締役を経て、2003年 産業再生機構設立時に参画しCOOに就任。解散後、2007年 経営共創基盤（IGPI）を設立し代表取締役CEOに就任。2020年10月よりIGPIグループ会長。
2020年 日本共創プラットフォーム（JPiX）を設立し代表取締役社長就任。
パナソニック社外取締役、経済同友会政策審議会委員長、財務省財政制度等審議会委員、内閣府税制調査会特別委員、金融庁スチュワードシップ・コード及びコーポレートガバナンス・コードのフォローアップ会議委員、国土交通省インフラメンテナンス国民会議会長、内閣官房新しい資本主義実現会議有識者構成員など政府関連委員多数。東京大学法学部卒、スタンフォード大学経営学修士（MBA）、司法試験合格。
主著に『「不連続な変化の時代」を生き抜く リーダーの「挫折力」』『なぜローカル経済から日本は甦るのか GとLの経済成長戦略』（ともにPHP研究所）『コーポレート・トランスフォーメーション 日本の会社をつくり変える』『コロナショック・サバイバル 日本経済復興計画』（ともに文藝春秋）他。

SB新書　582

2025年《ねん》日本《にほん》経済《けいざい》再生《さいせい》戦略《せんりゃく》

国《くに》にも組織《そしき》にも頼《たよ》らない力《ちから》が日本《にほん》を救《すく》う

2022年5月15日　初版第1刷発行

著　者　成毛《なるけ》 眞《まこと》・冨山《とやま》和彦《かずひこ》

発行者　小川 淳

発行所　SBクリエイティブ株式会社
〒106-0032　東京都港区六本木2-4-5
電話：03-5549-1201（営業部）

装　幀　杉山健太郎

本文デザイン・DTP　朝日メディアインターナショナル株式会社

取材・構成　福島結実子

編集協力　吉田 宏（アールズ）

印刷・製本　大日本印刷株式会社

本書をお読みになったご意見・ご感想を下記URL、
または左記QRコードよりお寄せください。

https://isbn2.sbcr.jp/12184/

落丁本、乱丁本は小社営業部にてお取り替えいたします。定価はカバーに記載されております。本書の内容に関するご質問等は、小社学芸書籍編集部まで必ず書面にてご連絡いただきますようお願いいたします。

©Makoto Naruke,Kazuhiko Toyama 2022 Printed in Japan
ISBN 978-4-8156-1218-4

SB新書

未来に向けて私たちができること
まだ誰も見たことのない「未来」の話をしよう
オードリー・タン［語り］
近藤弥生子［執筆］

100年に1度のターニングポイントが迫る！
世界史の分岐点
橋爪大三郎・佐藤　優

この11社が既存の銀行を破壊する！
銀行を淘汰する破壊的企業
山本康正

アフターコロナの世界情勢を占う！
テレビが伝えない国際ニュースの真相
茂木　誠

これからの時代、もう「営業」はいらない
営業はいらない
三戸政和